W0404066

PRESSE ET TERRITOIRES

Une si fertile proximité

Jean-Clément Texier et Richard Werly

N*
COLLECTION
L'ÂME DES PEUPLES

Pourquoi l'âme des territoires ?

Le terme peut paraître vague. Certains lui reprochent même, en France notamment, de se substituer trop facilement aux régions, aux départements ou aux terroirs. Et pourtant : accueillir dans notre collection l'Âme des peuples, riche de plus de 75 titres après dix années d'existence, ce hors-série consacré à « l'Âme des territoires » était une évidence. Avec, en plus, la grande satisfaction d'être, avec ce petit livre qui n'est pas un guide, mais un éveilleur d'idées et d'envies, le porte-parole d'une presse quotidienne régionale française enracinée au plus près des populations locales.

Nos petits livres ont vocation à atterrir dans les rayons des librairies. Ils sont parfois positionnés du côté des livres de voyage, et parfois sur les étagères dévolues aux sciences humaines. Tant mieux. Car ce que nous apprend d'abord ce volume est que les territoires ne sont pas seulement des entités géographiques, repérables sur des cartes. Les territoires vivent. Ils bougent. La modernité numérique remodèle leur imaginaire. L'Âme des territoires est donc taillée sur mesure pour la presse et pour les journalistes, dont la mission est de capter la force et la pertinence de l'instant pour les restituer au plus grand nombre. Avec cet ouvrage, et grâce à notre partenaire 366, la boucle se retrouve bouclée : l'âme des peuples est racontée au présent, par ceux qui, dans chaque ville, dans chaque commune ou département, en sont les porte-voix.

Ce petit livre parle de la France et des Français. Il n'est pas exhaustif, car des parties entières du pays ne sont pas représentées. Mais il est tout, sauf exclusif. Les patrons de journaux régionaux qui ont accepté de répondre à nos questions ne s'adressent pas, par notre intermédiaire, au public de leur seule zone de diffusion. Les défis qu'ils abordent sont ceux de tout le pays. Ils valent pour toute la population dont le quotidien est bousculé par les réseaux sociaux, l'Internet et l'épidémie de désinformation qui sévit sur nos écrans. Se poser ensemble la question de l'âme des territoires, et surtout tenter d'y répondre, est le meilleur hommage que notre collection, créée voici dix ans, pouvait espérer. Car l'âme des peuples, c'est vous qui nous lisez. Vous qui plongez dans les pages des quotidiens et des hebdomadaires locaux pour y prendre le pouls de vos territoires. Ce petit livre est un voyage au pays de l'écrit, sous toutes ses formes et tous les supports. Ce pays des mots, de nuances et de la vie que nous avons tous, éditeurs de livres ou de presse, à cœur de défendre pour éviter que demain, de terribles « zones blanches » sans journaux ni libraires, soient livrées aux vents mauvais des rumeurs et de l'ignorance instrumentalisée aux dépens des territoires.

Richard Werly
Directeur de la collection *L'Âme des peuples*

Pourquoi défendre la presse régionale ?

Les territoires sont les ferments de la construction politique et culturelle de la France. Et la presse quotidienne régionale – souvent résumée par ses initiales PQR – contribue depuis plus d'un siècle à les faire vivre, à les faire entendre, à les défendre dans la tourmente de la mondialisation. Si nous prenons l'histoire récente, sa part est fondamentale en termes de marques médias et de pluralité de l'information. Mais traiter dans cet ouvrage le sujet des médias de proximité ne nous dédouane pas de poser les questions prospectives : un média régional doit-il continuer à refléter un territoire ? Est-il légitime pour le faire, notamment à l'heure du numérique qui par essence ne connaît aucune frontière régionale, territoriale, et/ou nationale ?

À l'évidence la réponse est positive et ce petit livre, conçu par 366 avec le concours de quelques-uns des plus grands acteurs de la PQR, en apporte la preuve. En plus d'influer sur la construction de l'identité de ce pays, et de refléter les disparités de l'Union européenne, les territoires bénéficient de l'attachement profond et persistant aux cultures régionales. Nous le découvrirons au cours de notre parcours éditorial. On est et on reste Chti ou Basque, Corse ou Alsacien, Breton ou Occitan.

Or qui dit territoires dit médias. Tracez les frontières de ces grands ensembles culturels fabriqués de langues et de traditions locales, et vous trouverez en effet… la réalité des groupes de Presse Quotidienne Régionale ! Cette variété culturelle liée aux territoires fait de la France un pays de Presse Régionale bien plus qu'un pays de Presse Nationale. Ce que l'appétence pour un nouveau paradigme de vie ne fait que renforcer. La revendication territoriale est aujourd'hui, de facto, favorisée par les évolutions technologiques et l'accélération du télétravail. D'où l'obligation, pour la presse régionale, de refléter ces changements. Sans fonctionnalité parfaitement identifiée, il ne peut y avoir de marques médias qui perdurent dans le temps.

Voilà donc la raison d'être de cet ouvrage et de ce travail : raconter cette si fertile proximité entre la presse et les territoires jalonnée de défis dont le dernier en date est l'explosion du prix du papier. Bousculée par les nouveaux modes de production et de consommation d'information, revigorée par l'accélération du télétravail et l'appétence nouvelle pour le retour aux sources, la presse régionale reste incontournable. Retirez les journalistes de PQR et vous supprimez l'information des territoires et probablement l'information tout court. Une carte de presse sur cinq en France et une sur trois en régions sont des journalistes de PQR. Se rapprocher du terrain. Retourner d'où l'on vient. Réapprendre à se familiariser avec ses origines : plus que jamais, ces envies sociétales rendent leur mission encore plus pertinente.

Une responsabilité particulière

Aujourd'hui l'offre éditoriale de l'ensemble de la PQR est consommée par plus de 43 millions de Françaises et Français mensuellement. Plus de 6000 journalistes, 25000 correspondants éditoriaux produisent plus de 35000 articles par jour, ce qui fait du média PQR l'offre éditoriale d'informations générales la plus puissante sur notre territoire national.

Cette situation ancrée dans l'histoire donne aux éditeurs de presse régionale une responsabilité particulière. Ceux qui ont accepté de répondre à nos questions comptent parmi les principaux acteurs du secteur. Or tous défendent une évidence : si les régions sont des entités spécifiques, l'information ne doit pas moins y être complète, politique, économique, sociale, culturelle et servicielle.

Qui donnera leur première visibilité à des start-up (dont près de 9 sur 10 naissent en région) si ce n'est la PQR ? Qui relaiera et encouragera les multiples initiatives d'un tissu associatif français si riche ? Qui enquêtera sur les politiques locales et la justice ? Effectivement, les 35000 articles écrits chaque jour par les rédactions de PQR montrent que les éditeurs répondent au sentiment d'appartenance territorial par un investissement sans égal dans le métier de journaliste et en tirent même un avantage extraordinaire : la confiance des Français. La PQR est en effet le premier média français par la confiance accordée, devant France Télévision, France Infos et le Monde[1], c'est assez

1 reutersinstitute.politics.ox.ac.uk/digital-news-report/2022.

logique quand on sait que la proximité est le premier vecteur de confiance.

Nous ne connaissons pas, en France, le phénomène des « déserts médiatiques » apparu aux États-Unis en 2008 consécutivement à la crise dite des subprimes. 300 journaux y ont disparu en 10 ans, l'emploi de journalistes dans le pays a diminué de 50 % et dans 200 comtés américains la presse a totalement disparu. On a constaté dans les années suivantes un phénomène de désintérêt pour l'actualité citoyenne et une radicalisation des populations auprès desquelles les candidats populistes ont prospéré[2]. La raison ? L'arrêt de la presse y a provoqué un report de l'information locale sur les réseaux sociaux dont l'effet a été de produire des divisions et de répandre la désinformation.

Cette situation est malheureusement en train de gagner du terrain et le même phénomène est aujourd'hui repéré au Brésil, au Venezuela, en Colombie et au Mexique, mais aussi analysé en Europe, dans plusieurs régions du Royaume-Uni[3].

Il n'y a en France aucun département, aucune commune même, où la PQR ne soit présente, notamment car les éditeurs ont développé un réseau de diffusion trois fois supérieur en nombre au réseau de points de vente de presse de France Messagerie (ex Presstalis et NMPP). Cette situation témoigne de la vigueur de la Presse Régionale française et d'un combat qui doit absolument être mené. C'est une excellente nouvelle

2 www.cislm.org/wp-content/uploads/2020/06/2020_News_Deserts_Report_Final_Version-to-Design-Hammer-6-23-1.pdf

3 www.pieuvre.ca/2022/06/21/societe-medias-journalisme-royaume-uni-manque/

démocratique. L'information locale est un élément de stabilité démocratique dont le pays a de plus en plus besoin.

La numérisation, clé de l'avenir

Reste à affronter l'avenir. Lequel sera évidemment numérique. Depuis plus de dix années, un travail colossal a été mené par les éditeurs de PQR pour le développement des productions digitales de contenus. Sur les 20 millions de personnes qui s'informent chaque jour grâce à la PQR, 40 % la lisent sur une version numérique.

Toutes les évolutions menées ces dernières années ont fait que le modèle économique de la PQR s'est consolidé. Néanmoins l'évolution doit être permanente.

On voit bien que les pratiques culturelles des générations x, y, z et maintenant alpha, imposent cette révolution, notamment de la diffusion de l'information. Ils lisent moins et surtout moins souvent la presse papier même si l'imprimé reste pour eux plus statutaire et crédible que l'univers digital. C'est bien au travers des expressions numériques que la pérennisation d'une information locale professionnelle et de qualité doit advenir.

C'est déjà là que sont les grands carrefours d'audience et la PQR, déjà massivement présente sur les réseaux sociaux pour drainer ses lecteurs vers ses sites et applications, devra investir demain TikTok, Twitch, Discord ou les Metaverses.

Depuis son origine, 366 scrute les mouvements parfois souterrains qui traversent la société, au travers de son étude

« Françaises, Français, etc ». Cette étude est, au fil du temps, devenue une référence incontournable du marché et bonne nouvelle : tous les voyants sont au vert pour le local ! On constate une appétence grandissante des Français pour toutes ses expressions : circuits courts, proximité, régionalisme, jusqu'au mot star de cette crise de la mondialisation qu'est le terme « relocalisation » !

Je fais le pari que ce mouvement ne connaîtra pas de pause, que l'âme des territoires passe plus que jamais par la presse, et que cela va même fortement s'accélérer dans les mois et les années qui viennent. La PQR devra donc asseoir et défendre chèrement ses positions convoitées ainsi que ce nouvel eldorado pour la diffusion des contenus et l'exploitation publicitaire qui en résulte.

Bonne lecture !

Stéphane Delaporte
Directeur Général, 366

La presse quotidienne régionale, faits et chiffres

La Presse quotidienne régionale en France maille l'ensemble du territoire : il n'existe aucun endroit dans le pays qui ne dispose de « son » titre enraciné dans l'histoire locale. Il n'existe pas dans le pays de « désert médiatique », ce qui est un cas unique en Europe.

La presse quotidienne régionale s'est constituée au fil du temps surla base de structures actionnariales et parfois familiales anciennes qui ont peu évolué ces dernières années.

Différents groupes dominent ainsi des territoires, souvent avec plusieurs titres, en évitant de se concurrencer frontalement par une forme d'accord tacite jamais remise en cause. Les politiques éditoriales sont cependant différentes. Ainsi, dans l'Est du pays, un même contenu peut être présent dans des titres différents, alors que le système des éditions en partie locale est privilégié à l'Ouest.

Les groupes de PQR se présentent comme des monopoles territorialisés dans le traitement et la diffusion de l'information locale. Cette structuration s'est étalée des années 1950 aux années 1980, avec en particulier la figure de Robert Hersant, qui a constitué un groupe de presse locale et nationale dominant le paysage français.

Huit groupes structurent aujourd'hui le territoire métropolitain :

- Le groupe Rossel qui cible les Hauts-de-France, la région Grand Est et la région Normandie ;
- Le groupe EBRA (propriété du Crédit Mutuel), réparti au sein des régions Grand Est, Bourgogne-Franche Comté et Auvergne-Rhône-Alpes ;
- Le groupe SIPA-Ouest-France qui couvre les régions Normandie, Bretagne et Pays-de-Loire ;
- Le groupe SAPESO Sud-Ouest, en position dominante sur la région Nouvelle-Aquitaine ;
- Le groupe Centre France La Montagne qui couvre les régions Auvergne-Rhône Alpes, Bourgogne Franche-Comté, Centre-Val de Loire et Nouvelle-Aquitaine ;
- Le groupe La Dépêche du Midi, qui cible la région Occitanie ;
- Le groupe Nice-Matin, propriété de la holding NJJ de Xavier Niel, axé sur les départements du Var et des Alpes-Maritimes au sein de la région Provence – Alpes – Côte d'Azur ;
- Le groupe La Provence, en cours de cession, également centré sur la Région Provence – Côte d'Azur mais aussi la Corse, dirigé par Rodolphe Saadé à l'issue d'un accord trouvé en août 2022 avec Xavier Niel.

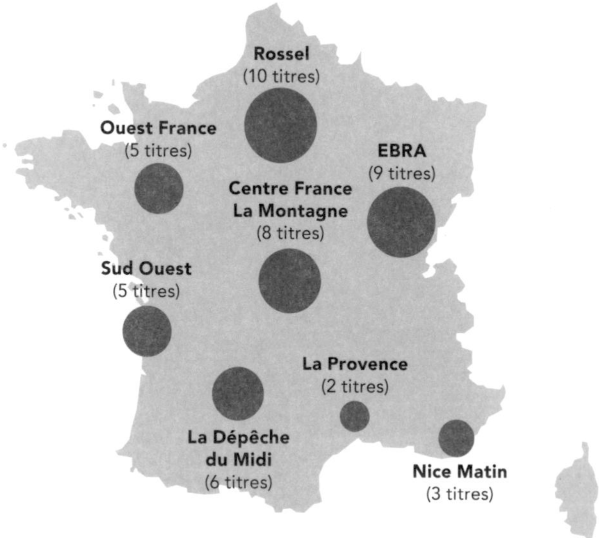

Source : commission d'enquête sur la concentration des médias

- Les groupes EBRA et SIPA-Ouest-France représentaient, à eux deux, près du tiers de la diffusion de la presse quotidienne d'Information Politique et Générale (IPG) en 2019.
- Deux groupes indépendants doivent être évoqués pour compléter le panorama du rapport sénatorial : Le Télégramme de Brest à Morlaix et La Nouvelle République du Centre Ouest à Tours.

Michel Laugier, sénateur
Extrait : rapport d'informations, Sénat, N° 805, 20 juillet 2022

Une si fertile proximité

« Le journal qui trônait tous les jours sur la table à manger m'a donné envie de faire du journalisme ». Ce journal évoqué par des jeunes d'une vingtaine d'années, candidats au concours d'entrée aux écoles de journalisme reconnues, c'est évidemment LE journal, celui qui, peu importe où on se trouve en France hors Paris, n'a pas besoin d'être nommé : le titre de presse quotidienne régionale. Chaque année, alors que j'épluche, à Marseille, les dossiers des étudiants candidats à l'entrée du master journalisme, ce souvenir, cette « madeleine de Proust » d'un premier contact avec le journalisme, grâce au média régional, revient dans les motivations et les récits de vie des apprentis journalistes.

Qui, comme ces futurs journalistes, n'a jamais vécu un tel moment ? Une cuisine ou une salle à manger d'une maison, à la campagne, dans un village ou dans une petite ville de région, préfecture ou sous-préfecture rurale, un dimanche avant ou après le repas familial, le froissement des pages qui se tournent, les cahiers que l'on se partage, les commentaires des uns ou des autres sur les résultats sportifs des clubs locaux, sur un projet d'aménagement du territoire, sur la météo, la page « carnet » épluchée scrupuleusement, les recettes découpées et collées dans le cahier ressorti du dernier tiroir en bas à droite de la cuisine.

Dans ces moments-là, chacun sa stratégie de lecture : les grandes pages étalées de toute leur largeur sur la fameuse table de la salle à manger, les pages pliées en deux dans le sens de la longueur dans un mouvement subtil et précis (que je n'ai jamais réussi à reproduire), et celles tenues grandes ouvertes par les lecteurs, disparaissant derrière les nouvelles imprimées. Jusqu'à ce que le journal se retrouve plié, les cahiers regroupés, pour partir soit chez le voisin, le cousin ou l'amie, soit pour allumer le feu, ranger des affaires ou envelopper des légumes. Le lendemain matin, une nouvelle édition ouvre un nouveau cycle de lecture, partage, commentaires et recyclage.

De mains en mains

Chaque année, ces simples phrases de motivation de jeunes candidats réveillent ma propre mémoire et font écho à la naissance de ma passion toujours actuelle pour la presse locale. Chez moi, c'était *La Dépêche du Midi*, tour à tour, les éditions Lot, Ariège puis Toulouse, qui siégeaient dans les maisons dans lesquelles je grandissais. Ses cahiers d'informations générales et locales passaient de mains en mains et m'ont donné goût à ce journalisme de proximité, ancré dans les territoires et les cœurs des publics locaux. Plus tard, c'est là-bas aussi que je fis mes premières expériences en tant que localière avant de basculer quelque temps dans le groupe *Nice-Matin*. Et puis, des années après, ma « zone d'édition » s'est étendue grâce à mon travail de recherches sur la presse régionale, qui m'a permis de mieux connaître *La Montagne*, *Le Journal du Centre*, *Le Parisien*, *La Provence*, etc.

Chaque année toujours, ces témoignages des lettres de motivation reçues me ramènent donc à ma propre expérience mais me rappellent aussi à quel point la presse régionale est un média moderne et attractif : alors qu'on pourrait croire que les jeunes futurs journalistes ne sont attirés que par les réseaux sociaux ou le journalisme sur le web, ce sont bien les « classiques » qui les font rêver, l'investigation, le journalisme sportif… Et le journalisme de proximité. Parce que loin d'être aussi monolithiques que l'image des « jeunes » qu'on dépeint parfois, ceux-ci restent peu fascinés par les réseaux sociaux et les contenus en ligne – en tout cas pour leur projet professionnel. Ils ont surtout une furieuse envie d'humain, de terrain, de contacts, de choses vues, vécues, ressenties, de partage de vie, de passion, de chercher du sens, de palper ce que veulent les gens, les Français, le public.

Une riche élasticité

Or dans quels médias peut-on sentir, toucher, trouver de la signification, croiser au fil des pages des hommes et femmes politiques, des personnages publics, des jeunes, des vieux, des enfants, des adolescents, des professionnels, des bénévoles, des sportifs, des artistes, des artisans, des chefs d'entreprise, etc. ? Dans les feuilles des médias locaux, chaque jour, on peut côtoyer le président des États-Unis et, deux pages après, son voisin de palier ou son collègue de travail. Cette riche élasticité est unique. Les jeunes journalistes l'ont bien compris : si c'est souvent leur soif de connaissances et leur curiosité qui les mènent jusqu'à cette profession détestée et difficile d'accès, ils savent aussi qu'elles pourront être étanchées en agence locale. Journalisme de terrain par excellence, la presse régionale permet d'ausculter le rythme, de saisir ce qui anime les personnes qui vivent sur un territoire. Mieux que n'importe quel sondage, c'est en jetant un œil aux titres des journaux du jour qu'on peut connaître l'opinion du public !

Le matin en réunion de rédaction, le midi en interview avec la préfète, l'après-midi auprès d'une association qui se mobilise pour les réfugiés ukrainiens. Ces journées « qui ne sont jamais les mêmes », toujours selon les futures recrues du journalisme, les font fantasmer. Bien sûr, la PQR est bien plus vaste que ces images d'Épinal mais elles restent fondamentales pour saisir l'attachement profond du public pour ses médias régionaux, en commençant par les jeunes.

Cette si fertile proximité est le cœur même de la presse locale. Pour ces futurs journalistes certes mais pour ses lecteurs surtout. Ouvrir le journal ou cliquer sur l'appli de son titre d'infos locales, c'est chercher son attache aux autres. Savoir ce qui se passe autour de moi, les ambitions de ma ville, de ma communauté d'agglomération ou de ma région, c'est connaître ce qui m'entoure, c'est me situer dans un espace en mutations permanentes. La lunette du local permet de regarder le monde et de s'y inscrire. Lire la presse régionale, c'est construire son appartenance à des valeurs communes, à un savoir vivre-ensemble partagé, c'est construire une partie de son identité en tant qu'habitant et qu'acteur de son territoire. Que l'on soit d'ici ou d'ailleurs, historique ou nouveau venu, que l'on parte ou l'on revienne, chacun peut garder et créer des liens grâce à la presse régionale. Elle s'avère être un moyen de diffusion élémentaire de l'âme des peuples sur les territoires.

Le média total par excellence

La PQR, c'est le média total par excellence. Nulle part ailleurs le public ne peut trouver des informations internationales, nationales, régionales et ainsi de suite jusqu'à la granularité la plus fine : les nouvelles du village ou même du quartier. Cette vision englobante donne du sens dans une actualité hautement instable et parfois angoissante. Elle rassure, consolide, permet de s'éveiller et de mieux comprendre l'environnement qui nous entoure tout en créant un sentiment d'appartenance. À l'heure à laquelle la désinformation pullule sur les médias en ligne, où la polarisation des points de vue génère des tensions et des confrontations, la presse locale garantit une information professionnelle et une lecture du monde globale mais accessible. Essentielle au vivre-ensemble et au sentiment d'appartenance à une société commune, elle est une des institutions centrales de la république depuis plusieurs siècles.

C'est bien sur cet aspect que la presse en région s'est construit. L'information locale, en France, naît en même temps que l'information nationale. Dès le dix-septième siècle, les institutions naissantes nécessitent la diffusion d'une information pratique leur permettant d'organiser le fonctionnement économique et social des territoires et des villes. Au dix-huitième, une véritable presse locale se développe dans le Royaume, parallèlement à la constitution de territoires différenciés, qui ont besoin de l'information locale pour se construire. Un siècle plus tard, certains titres, qui voient le jour avec la IIIe République, deviendront ceux de la PQR actuelle. Leur histoire est intimement marquée par l'histoire de la France, le rapport à la politique et par des dynamiques de concentration.

À l'origine de la presse locale se trouve d'emblée cette tension entre participation à l'identité d'un territoire, représentation de la République au local et informations de proximité pour les publics qui caractérise les médias de PQR. D'abord feuilles d'informations sur les offres d'emploi et demandes de biens et de services, les bulletins locaux aident au développement du commerce local en mettant en relation l'offre et la demande. Ils participent également à la constitution d'une vision de la société associée à la pensée des Lumières. C'est alors un message tourné vers le libéralisme économique, le progrès de la technique et de la science qui est au cœur de cette vision. Durant la période révolutionnaire, s'ajoute une volonté d'harmoniser au local les institutions nationales et de faire connaître les engagements politiques importants des patrons de presse. Puis, à partir de 1870 et jusqu'au début du vingtième siècle, certains médias locaux proposent peu à peu une « presse totale, couvrant une actualité qui va du village au monde. La ligne éditoriale du journal, à l'origine systématiquement politique, donne un sens à toutes les informations, dont les niveaux, du local à l'international, s'emboîtent les uns dans les autres en attribuant un rôle central au découpage républicain. »

Le chahut de la désinformation

Aujourd'hui, ce pilier de nos démocraties apparaît chahuté par la désinformation, la multiplication des acteurs sur le web, la défiance d'une partie des publics envers les médias d'information et la fragilisation de l'économie du secteur de la presse. Il n'est malheureusement pas le seul. Mais sa position de proximité avec les territoires et son monopole d'information sur ses zones d'édition le rendent unique et à ce jour irremplaçable. Il faut s'inquiéter de la diminution des revenus publicitaires, plus largement de la restructuration économique qui rend plus difficile la tâche des journalistes et l'existence de ces médias locaux dans tous les recoins de la France. À titre de rappel, la quasi-disparition de France Antilles, pendant les dernières élections municipales, un des moments les plus importants de la vie locale, devrait nous servir d'avertissement, nous rappeler à quel point la presse régionale est indispensable, partout dans les territoires métropolitains et d'Outre-Mer. Cette alerte doit être prise en compte, et notamment si on la met en relation avec la montée en puissance de la désinformation, en l'occurrence lors de la crise de Covid-19, et la méfiance de certaines populations envers les décisions du gouvernement sur les vaccins.

La pandémie mondiale qui nous affecte depuis 2020 est probablement l'un des moments les plus exemplaires de ces dernières années pour expliquer la résilience et la proximité de la PQR envers ses publics. Le 17 mars 2020, les Français se confinent complètement, sans savoir qu'ils vont passer un mois et vingt-cinq jours enfermés chez eux. La sidération de tout un chacun se fait également sentir dans les rédactions de presse régionale. Les médias locaux s'organisent en catastrophe pour continuer à proposer de l'information quotidienne tout en respectant les protocoles sanitaires sans mettre en danger la santé de ses équipes. Le choc est immense : la proximité que j'ai longuement évoquée n'était plus envisageable. Le palper, le sentir, le toucher si indispensables au reportage et à l'expression du terrain devaient s'arrêter. Comment faire un média de contact alors que les journaux deviennent proscrits par mesure sanitaire ?

Les médias locaux ont su réagir, vite et bien. Quasiment immédiatement, ils ont su s'adapter pour garantir l'information du public sur les territoires et maintenir le plus de lien social possible. Dès le 13 mars 2020, au lendemain de l'allocution télévisée du président de la République, *Le Télégramme* réagissait : « Comment continuer à vivre le plus normalement possible, alors que les écoles sont fermées, que les personnes âgées sont invitées au confinement, que des ruptures temporaires sont à attendre ? Une solution s'impose : la solidarité locale. »

La presse, cette institution qui a tenu bon

À l'impossibilité du lien physique, la PQR propose alors encore plus de liant, de vivre-ensemble, par tous les autres moyens possibles et imaginables. Et quels sont ces moyens ? Le web, espace très éloigné des logiques de territoire classiques de la presse locale, mais qu'elle a su adopter et auquel elle a su s'adapter. L'opération « Solidarité coronavirus Bretagne » met alors en relation toutes les bonnes volontés, quel que soit leur statut, pour aider, entourer, ne pas délaisser les plus exposés ou les plus précaires. Les propositions d'aide aux devoirs, de courses ou encore de repas sont alors recensées. Tous les moyens sont bons et la presse régionale, en quelques jours et aux quatre coins de la France elle pousse encore davantage sa volonté de se mettre au service du public et de continuer, envers et contre tout, à jouer son rôle de faiseur de liens… Et de service public de proximité. Les journalistes redoublent alors d'efforts pour proposer des groupes Facebook d'entraide comme à *Ouest-France* ou aux *Dernières Nouvelles d'Alsace* ; ou encore un mini-site comme le coronAIDES de *Nice-Matin*. Alors que tout semblait s'effondrer autour de nous - les écoles fermées, le télétravail ou le chômage partiel obligatoires, l'arrêt de toutes les activités de loisirs et d'extérieurs alors que les institutions traditionnelles ne pouvaient plus jouer leurs rôles fédérateurs et protecteurs, la presse régionale a tenu bon.

Pas question ici de mettre sous le tapis l'immense impact économique que la pandémie a eu sur la presse locale : comme par ailleurs, ses recettes publicitaires se sont écroulées, les ventes au numéro ont quasiment disparu du jour au lendemain. L'arrêt brutal de quasiment toutes les activités en lien avec l'événementiel l'a aussi frappé de plein fouet puisque les groupes multimédias ont depuis plusieurs années fortement investi ce secteur. Attention, les paquebots ont tangué très fortement pendant les pics de cette crise, ont surnagé grâce aux aides de l'État et ils sont encore en train d'écoper pour éponger les dettes accumulées au cours de la tempête. Il n'est pas non plus question d'oublier l'impact psychologique et social de cette crise non seulement sur les publics mais aussi sur les salariés de ce secteur, déjà ébranlés par des décennies de précarisation. Les journalistes en particulier ont été très actifs pour maintenir ce fameux lien, en « seconde ligne » sur le front de la pandémie.

Grâce à la fois à sa connaissance fine du terrain et des habitants qui le peuplent mais aussi grâce à ses compétences sur le web, cette flexibilité en période de crise aiguë a pu être possible. Une leçon là encore : la PQR est bel et bien apparue comme une presse refuge en cette période complexe puisque les consultations des sites web ont explosé. Les publics avides d'information se sont tournés vers ces médias de confiance. À eux de continuer à les fidéliser, un long combat mené depuis plusieurs décennies. L'histoire des médias locaux en ligne a presque trente ans.

Dès 1995, les *Dernières Nouvelles d'Alsace* lancent leur site web, suivi par *Sud-Ouest* l'année suivante. De ces balbutiements initiaux face à un nouvel outil, un nouveau monde jusqu'à aujourd'hui, la construction de l'information locale en ligne n'a pas été un long fleuve tranquille. Pourtant les résultats sont là : plusieurs dizaines de millions de pages vues chaque mois, les marques de presse régionale citées régulièrement parmi les plus consultées et des innovations remarquables et parfois primées. « Code Source » du *Parisien* est chaque mois dans le top dix des podcasts les plus écoutés. *La Dépêche du Midi*, *Ouest-France*, *Le Parisien* sont aussi régulièrement dans les sites et applis les plus visités. Sans me lancer dans une liste à la Prévert de ses succès online, il est clair que la conversion de la presse locale aux pratiques numériques de ses publics et l'engouement de ces mêmes lecteurs à ses propositions éditoriales de la PQR sont acquis. Une information professionnelle, vérifiée et capable d'être construite sur une variété de supports, en fonction du public visé. La déclinaison est aussi synonyme d'innovation : le travail de *Nice-Matin* sur le journalisme de solutions fait référence ; le mur des podcasts de *Ouest-France* est remarquable ; les newsletters thématiques de *La Montagne* lors des élections sont étudiées. C'est là aussi en étant au plus proche de ses publics que la presse régionale continue son travail d'informer et de créer du lien.

Chaque jour, elle informe plusieurs dizaines de millions de Français par ses sites web, ses applis, ses pages et comptes sur les réseaux sociaux. Parfois même, elle reste le seul lien avec l'actualité pour certains. Ainsi, le rapport Reuters Digital News 2022 le confirme : la presse locale, en ligne et hors ligne constitue encore le type de médias (hors TV) le plus consulté, plusieurs fois par semaine par les audiences concernées. Là encore, la confiance créée par le lien de proximité et le sentiment d'interconnaissance permet à ce type de presse de poursuivre sa mission et son rôle de participation au vivre-ensemble.

Et pourtant, cette relation de confiance est elle aussi mise à mal depuis plusieurs années. Toujours dans le même rapport, on constate que seuls 29 % de répondants croient dans les informations proposées par les médias. Ce chiffre, absolument inquiétant, ne cesse de diminuer au fil du temps. Seule la presse locale et régionale relève le niveau : elle est toujours la plus crédible aux yeux des publics, à hauteur de 58 % des répondants. Cette relation, cultivée depuis toujours, sur le terrain mais aussi au plus proche des habitudes numériques, se fait alors ressentir. Le lectorat croit en cette presse de proximité, qui lui rend service, qui répond à ses besoins et qui lui donne les informations nécessaires pour comprendre le monde qui l'entoure. Là encore, ce capital confiance doit être préservé, trait d'union de notre société. La presse locale participe toujours à maintenir le lien entre les institutions locales, nationales, européennes et le public dans son quotidien. Mais pour le préserver, il faut que ces mêmes structures se rendent compte de l'apport vital de la PQR, du liant qu'elle crée et de la valeur de son travail permanent.

Les correspondants locaux, garants de la confiance

Il faut que ces médias, leurs rédactions en particulier, aient les moyens d'être présents, toujours à l'écoute, de renforcer leur connaissance des publics, de se former, de naviguer sur les territoires et de lutter contre la désinformation sur les réseaux sociaux. À ce titre, la crise des gilets jaunes en 2018 semble aussi démontrer combien les journalistes localiers restent encore des garants de confiance pour une partie de la population qui se défie des autres. Et pourtant la liberté d'information, y compris d'information de proximité, n'est pas un acquis. Ces dernières années, plusieurs journalistes ont été agressés physiquement, verbalement ou victimes de harcèlement ou de violences en ligne, il ne faut pas non plus l'oublier.

Car le monde de demain, tant évoqué pendant le premier confinement, ne se fera pas sans journalistes et sans la presse régionale. Ces médias conjuguent le futur au présent. À la fois un œil sur ce qu'il se passe et un pied dans ce qu'il se passera demain. La restructuration de la société sous-jacente est perceptible en naviguant sur les sites web ou applis : jeunes diplômés qui battent le rappel contre le réchauffement climatique, agriculteurs qui se convertissent au bio, universités qui se mobilisent pour aider les étudiants précaires, sessions de relaxation pour lutter contre le stress, difficultés des restaurateurs à recruter pour la saison, changement des habitudes de consommation… En brossant rapidement quelques-uns des sujets du jour, le lecteur peut saisir à quel point les médias locaux sont sensibles aux frémissements de la société, à quel point c'est à travers ces centaines de publications quotidiennes qu'on peut sentir le pouls des Français, leurs préoccupations quotidiennes, leurs angoisses, leurs centres d'intérêt.

Les progrès sociaux, la lutte contre les discriminations, en faveur de l'égalité femmes-hommes : voici quelques-uns des chevaux de bataille qu'affiche l'Alliance de la presse d'information générale, dont font partie les médias régionaux. Comme l'indique Pierre Louette, son président : « La mission de la presse d'information est de rendre compte de l'état de notre société, des débats qui l'agitent et des tensions qui la traversent. Remplir cette mission avec constance est une contribution essentielle au progrès social, en particulier en matière d'égalité des droits. » Ces grands principes, les journaux sont appelés à se les appliquer à eux-mêmes. C'est bien de cette façon qu'ils répondent aux attentes et aux enjeux de demain et à l'appel des jeunes générations. On ne peut plus aujourd'hui accepter de traiter les femmes autrement qu'à égalité avec les hommes, notamment car les jeunes ne tolèrent plus le moindre écart sur ces questions ; je le vois chaque année dans l'école que je dirige. Il n'est plus possible de ne rien faire contre les discriminations : les propos des journalistes et les chartes des médias se doivent de montrer l'exemple et de relever le challenge de cet enjeu de société. C'est de cette façon que les médias locaux convaincront les générations futures de leur faire confiance, et qu'ils sont à la hauteur des changements en cours.

L'humain, comme je l'ai déjà dit, est le cœur de la presse régionale, c'est donc dans son ADN de sentir les battements de la société et de rester proche des préoccupations des citoyens. Et c'est aussi dans cette perspective que la presse locale peut être considérée comme totale. Présente pour informer le public, elle l'est également dans tous les aspects de la vie quotidienne : partenaire des événements culturels, sportifs mais aussi aide des initiatives locales. Elle se situe donc dans tous les interstices des vies des citoyens : leur association de quartier, au festival d'été ou au théâtre, sur les maillots de foot des enfants, en soutien lorsqu'un commerce ouvre. On grandit avec elle et elle nous soutient au cours de la vie : en cherchant un logement sur une plateforme immobilière, en se renseignant sur la meilleure voiture à acheter ou encore en fédérant les professionnels de santé et en participant au dialogue intergénérationnel. Depuis toujours mais plus particulièrement ces dernières décennies, les entreprises de presse locale se plateformisent, elles capitalisent sur leur marque et leur rapport aux territoires pour conquérir d'autres secteurs d'activité : l'événementiel en premier lieu mais aussi les services, via des sites web immo, auto, ou encore la mise en relations grâce au développement de *hubs*, de clubs qui fédèrent les acteurs d'un secteur porteur. À travers également la multiplication d'incubateurs et de pépinières, les entreprises de presse régionales se situent à la pointe de l'innovation, toujours en tant qu'acteur majeur du système économique local.

À l'heure où un sentiment d'incompréhension et d'éloignement des uns des autres semble tout emporter, elle se dresse en rempart pour contenir cette dislocation du social. Polarisation des opinions, individualisme et consumérisme érigés en religion, peur de l'autre et repli sur soi aggravées par la crise climatique, si angoissante pour les générations futures : ces lames de fond qui emportent tout un chacun, sont des menaces pour notre futur commun, notre monde de demain. C'est bien là que la presse locale peut faire office de gardien des valeurs de cohésion et d'unité, de solidarité et de respect mutuel.

Pauline Amiel
Directrice de l'École de Journalisme et de Communication d'Aix-Marseille, maitresse de conférences en Sciences de l'Information et de la Communication. Elle est co-auteure de *La Presse Quotidienne Régionale*, avec Franck Bousquet, aux éditions La Découverte (2021).

ENTRETIEN

Jean-Nicolas Baylet, La Dépêche

« Aucun livre d'histoire ne peut raconter ce que nous racontons chaque jour sur nos territoires »

Comment porter à la fois sur ses épaules le poids d'une dynastie familiale ancrée dans l'histoire de la presse, et incarner le renouveau d'un territoire ? Jean-Nicolas Baylet vit, à la tête du groupe La Dépêche, les difficultés de cette équation. Avec la conviction qu'être l'héritier d'une famille d'entrepreneurs de presse, et le porteur d'un nom synonyme de responsabilité politique et d'action publique, est d'abord une obligation vis-à-vis des lecteurs et de tous ceux dont les journaux du groupe racontent chaque matin le quotidien. Presse et territoires ? Il suffit de prononcer ces deux mots pour que la conversation démarre.

Dans le cas du groupe La Dépêche, la connexion historique entre vos titres et les territoires est une évidence. Avez-vous le sentiment que le fardeau de cette histoire, qui recoupe aussi le passé de votre famille, est devenu aujourd'hui plus lourd à porter que dans le passé ?

J'ai d'abord buté, lorsque vous m'avez présenté les grandes lignes de votre projet, sur le terme « âme des territoires ». Il me paraît à la fois juste, car nos territoires ont une âme, partout en France, c'est indéniable. Mais il me paraît aussi trop imprécis pour témoigner des réalités qui sont les nôtres au quotidien.

Un titre comme *La Dépêche du Midi*, c'est 800 articles par jour qui parlent de la vie des gens et de ce qui se passe dans leur environnement, leurs communes, leurs régions. 800 articles qui relatent ce qu'aucun livre d'histoire ne peut raconter. Et cela, depuis 152 ans ! Cette connexion-là est une affaire de tous les instants. Elle puise ses racines dans la vie quotidienne de chacun, dans les deux régions où nous sommes implantés : L'Occitanie pour l'essentiel, la Nouvelle-Aquitaine pour l'un de nos titres, en Lot-et-Garonne. La presse incarne l'âme des territoires, également façonnée par bien d'autres éléments culturels, sociaux, linguistiques, historiques, religieux, économiques. Mais elle en constitue aussi les oreilles, les yeux, le cœur. Nous sommes à la fois le miroir et l'observatoire de ces terroirs. Notre relation est fusionnelle. Et si vous rajoutez, dans mon cas, l'aventure familiale des Baylet, tout se tient, c'est évident. Le lien entre nos journaux, nos territoires et ma famille est plus que ténu.

Raconter un territoire, c'est aussi chaque jour prendre le risque d'être pris pour cible par ceux qui, dans ces régions, ne se reconnaissent pas, peu ou plus dans ce que les journaux écrivent…

Vous avez raison : nous sommes perméables à toutes les convulsions des territoires où nos journaux sont distribués. C'est cela, la relation fusionnelle dont je parlais. Et de ce point de vue, la crise sanitaire sans précédent que nous venons de vivre a montré que la presse régionale conserve une indiscutable crédibilité. Au premier jour du confinement, notre audience numérique a été multipliée par dix et nos abonnements numériques par trois. C'est dire ! Nous étions, à ce moment précis, la fenêtre encore ouverte pour des centaines de milliers de gens dont la vie sociale était suspendue. Dans un contexte de crise, les citoyens se dirigent automatiquement vers leur titre local pour avoir des informations simples. La presse régionale joue aussi ce rôle de lien avec l'extérieur. Elle n'incarne pas des territoires hermétiques, repliés sur eux-mêmes. Il est très important, je crois, de garder en tête cette dimension d'ouverture. Durant la première phase de la pandémie, les gens ne sortaient pas de chez eux. Nous étions leur seul lien avec l'extérieur et les lecteurs ont été nombreux à nous écrire pour nous remercier. Le fait que nous avons continué à acheminer le journal était pour eux la preuve que, malgré l'épreuve, la vie continuait. Les services publics ont été parfois suspendus, mais pas la distribution de nos journaux. Ce lien n'est pas qu'une affaire d'information locale. Il est aussi matériel, humain. Tant que le journal vous parvient et raconte le quotidien de votre communauté, la vie continue…

Vous évoquez la fermeture de certains services publics durant la pandémie. Vos journaux sont une forme de service public de l'information pour ces territoires occitans et aquitains ?

Ce qui est certain, c'est que nous, nous n'avons pas l'intention de fermer. Nos agences locales demeurent. Nos correspondants continuent de collecter les informations sur le terrain. Au moment où les bureaux de poste ferment, où les maternités sont regroupées, où les hôpitaux s'éloignent de plus en plus des zones rurales… le journal, lui, arrive chaque matin dans les villages. Il y a là une leçon dont beaucoup devraient tirer les conséquences. Cette distribution dans les moindres recoins de nos territoires est coûteuse. Mais nous l'avons jusque-là maintenu. Alors oui, l'idée d'un service public de l'information n'est pas fausse. Attention : nous ne sommes pas une administration de l'information. Mais nous savons que tout décrochage avec la réalité des communes, des villages, tout éloignement, tout abandon, nous serait fatal. Vu de Paris, on ne se rend pas compte de ce qu'est la désertification des campagnes. La vision de nos régions qui prédomine est une histoire à la Pagnol, pittoresque, très agréable à vivre. Il suffit de lire nos journaux pour savoir que ce n'est pas vrai, pour se rendre compte du degré de souffrance, lorsque l'abandon s'installe. La presse régionale est, de ce point de vue, une sorte de gardien. Tant que nous sommes là, certaines décisions sont impossibles à prendre, et c'est tant mieux. À chaque fois que les services publics reculent, nous en parlons et nous donnons la parole à nos lecteurs. Qui d'autre peut faire ça ?

Parlons des lecteurs justement. Désormais, beaucoup ont accès, grâce au numérique, à de nombreuses sources d'information. Les réseaux sociaux sont pleins d'informations locales. On alerte du Facebook. On se fait connaître sur Twitter. On est présent sur TikTok. Vos lecteurs ne risquent pas de vous abandonner ?

Si nous cessons d'être à leurs côtés, de les écouter, de les défendre, peut-être ! Mais s'ils savent qu'ils peuvent compter sur nous, alors non : ils ne nous abandonneront pas. D'où l'importance de notre tissu de correspondants locaux et du courrier que nous recevons. Je vais prendre un exemple récent. Un de nos lecteurs, handicapé, se plaignait que la place de parking réservée aux automobilistes avec handicap, en bas de chez lui, soit régulièrement occupée par des clients du supermarché voisin. Il nous a alertés à plusieurs reprises. Et nous sommes intervenus. Le maire de la localité s'est assuré que cette place soit mieux signalée. Nous avons fait la preuve de notre utilité. Je reviens à votre idée d'âme des territoires. J'y souscris sur le fond. Mais n'oublions pas notre fonction première : être utile à la collectivité, à ceux qui vivent ici. Utile ne veut pas dire aux ordres de… Être utile, c'est démontrer chaque jour que ceux qui vivent sur ce territoire sont entendus. Comme je vous le disais, nous sommes la caisse de résonance de l'âme de nos territoires.

Vos journaux sont aussi des observateurs de la vie publique, peut-être même des acteurs, des arbitres…

Nous sommes d'abord des Républicains. Le groupe La Dépêche n'a jamais fait mystère de son engagement contre les dangers du populisme. Là, oui, j'assume notre rôle d'acteurs. Pour le reste, nous défendons les grands combats de nos territoires, dans cette France si jacobine. C'est le cas par exemple sur le dossier de la Ligne à Grande Vitesse (LGV) pour désenclaver notre région. Ce fut précédemment le cas en matière de découpage administratif des régions par exemple, nous avons milité pour conserver le niveau des départements et nous avons été entendus. Nous défendons l'idée qu'une région ne se limite pas à des frontières administratives. Si l'on ne respecte pas les cohésions culturelles des Catalans, des Aveyronnais ou des Bretons par exemple, les réformes ne fonctionnent pas. Il faut distinguer la logique territoriale étatique de l'identité culturelle. L'une et l'autre ne se recoupent pas toujours. Le problème survient, en revanche, lorsqu'elles se contredisent.

Et comment vivez-vous, dans vos journaux, le rapport compliqué entre les métropoles et les territoires ruraux?

L'essentiel, là aussi, c'est de respecter les identités culturelles et leur diversité. Les métropoles sont des zones d'attraction incontestables, pourquoi le nier et pourquoi le regretter? Une métropole forte, c'est souvent un territoire fort. En termes de zone de lecture, chacun y trouve son compte. Les gens tournés vers Toulouse lisent *La Dépêche*. Ceux qui sont tournés vers Bordeaux lisent *Sud Ouest*. C'est ainsi. Tout ça n'est pas forcément gênant. Là où tout devient compliqué, c'est lorsque les métropoles dévitalisent les territoires qui les entourent. Pour nous, l'enjeu est là. Nous constatons tous les jours la différence entre les territoires qui vont plutôt bien, en proximité des métropoles, et ceux qui sont en souffrance parce qu'ils sont trop éloignés des grands centres urbains. Je pense à des départements comme l'Ariège ou le Gers. C'est contre cette inégalité de destin géographique qu'il faut agir. Lire la presse régionale, c'est aussi se rendre compte de subtiles différences. Notre littoral méditerranéen, par exemple, est très différent de la Côte d'Azur. Cela se lit dans nos colonnes. Les populations qui vivent en bord de mer, dans nos régions, sont plus modestes. En fait, les politiques devraient davantage lire la presse régionale. Elle prend le pouls du pays réel.

Qu'elle prenne ce pouls du pays sur le papier ou en ligne, cela ne change rien ?

Du côté des lecteurs, la différence est générationnelle. Quand je regarde l'âge moyen de nos abonnés, je rajeunis de cinq ans quand je passe du papier à la version PDF, puis à nouveau de cinq quand je regarde la courbe des abonnements web. Les plus anciens restent fidèles au papier. Ils ont besoin de ce contact. Les plus jeunes ont, eux, l'habitude de naviguer sur leur téléphone portable pour toutes les informations et tous les services. Attention par contre à bien garder en tête un autre chiffre : quand je recrute aujourd'hui 100 abonnés, 75 le sont sur papier. La transition numérique est incontournable, mais elle sera longue. Elle prendra au moins vingt ans. Je la vois s'accélérer lorsqu'un nouveau grand tournant technologique interviendra, par exemple avec l'avènement des voitures autonomes et intelligentes qui seront consommatrices de contenus éditoriaux. Notre obligation est de regarder avec le plus de précision possible tous ces changements pour les intégrer. L'élément le plus déterminant, en ce qui concerne la lecture de la presse régionale, est sans doute l'habitude. Lire son journal papier est une habitude matinale que beaucoup de Français ne souhaitent pas abandonner. C'est un rituel. C'est un confort. C'est notre chance. L'enjeu, c'est pour nous d'allouer les bonnes ressources au bon moment pour ne pas rater le virage qui fera la différence. Nous avons réussi jusque-là.

Et que disent vos journaux du moral actuel des territoires ?

Ils disent l'inquiétude ambiante. La société française est globalement assez inquiète, c'est évident. Vous me direz qu'il suffit d'allumer la télévision ou la radio pour s'en rendre compte. Pas besoin de lire *La Dépêche du Midi* ou le *Midi Libre*. Et bien je ne suis pas d'accord. Car dans nos colonnes, la détresse et la souffrance sont matérialisées, identifiées, illustrées, concrétisées. Le plus frappant est que nos territoires oscillent en permanence entre la morosité et le bien vivre. Oui, la joie de vivre est aussi très présente dans nos colonnes. La presse régionale a cet avantage qu'elle raconte la vie de notre pays au jour le jour. Notre force est celle de la nuance, dont les nouvelles technologies nous permettent de rendre compte de toutes les façons : via l'écrit, via l'audio, via la vidéo… Notre maillage territorial reste unique, indispensable, et le numérique lui donne encore plus de force et de poids. Vous pensez que les sondages d'opinion sont les meilleurs reflets des territoires ? Non. Lisez nos journaux. Nos journalistes racontent le pays tel qu'il est. C'est unique. Personne d'autre, à ce jour, n'est capable de le faire.

Le groupe La Dépêche, en quelques faits et chiffres :

Le groupe La Dépêche du Midi, fort de 152 ans d'histoire, est le groupe média leader sur son territoire. Il publie six quotidiens (*La Dépêche du Midi*, *Midi Libre*, *Le Petit Bleu*, *La Nouvelle République des Pyrénées*, *L'indépendant*, *Centre Presse*), trois hebdomadaires (*Le journal de Millau*, *Le Villefranchois*, *La Gazette du Comminges*) et un magazine hebdomadaire (*Midi Le Mag*).

Le Groupe La Dépêche, c'est aussi :
- Via Occitanie : réseau de chaînes de télévision locales diffusé en Occitanie ;
- Le journal du Rugby : Midi Olympique et son site Rugbyrama.fr (Leader en France) ;
- 1 agence de communication leader sur l'Occitanie : L'Agence ;
- 2 pôles événementiels : Dépêche Events et Midi Events (Salon, Rencontres, Festivals, Événements sportifs) ;
- 2 centres d'impression : Occitane d'Imprimerie et l'Imprimerie du Midi.

Quelques chiffres :
- CA 2021 : 198 millions € ;
- 1 400 collaborateurs dont 470 journalistes ;
- 4 000 correspondants ;
- Plus de 3 millions de lecteurs par jour ;
- 300 000 journaux vendus par jour ;
- 100 000 hebdos par semaine ;
- 14 départements couverts.

Le groupe La Dépêche est contrôlé par la famille Baylet.

ENTRETIEN

Soizic Bouju, Centre France – La Montagne

« Nous sommes le premier confident des territoires »

Une femme dans un univers d'hommes. Difficile de ne pas penser à cela en démarrant notre conversation avec Soizic Bouju. La patronne du groupe Centre France – La Montagne, géant régional basé à Clermont-Ferrand, est seule dans cet aréopage très masculin de dirigeants de la presse régionale. Autre particularité, qu'elle décline d'emblée, comme une carte de visite : les territoires couverts par les quotidiens de son groupe sont les seuls, en France, à ne pas être desservis par le TGV. De quoi justifier encore plus sa défense passionnée de ces départements ruraux ou semi-urbains, dont les clochers ne sonnent pas au même rythme que ceux des métropoles.

Informer sur les territoires, c'est une mission qui, vu de Paris, semble presque immuable. Surtout dans les zones rurales que vous connaissez bien, au centre de la France…

Erreur, car notre mission a radicalement changé ces dernières décennies. Jamais nous n'avons eu autant de contacts avec nos lecteurs, avec les communautés qui vivent sur nos territoires, avec nos clients. Jamais notre offre éditoriale n'a été autant diversifiée. Vous avez l'impression, lorsque vous achetez *La Montagne*, *Le Journal du Centre*, *Le Populaire* à Limoges, *Le Berry Républicain* à Bourges ou *La République du Centre* à Orléans, que ce journal ressemble terriblement à ce que nous produisions il y a vingt ans, voire quarante ans. Or vous vous trompez. Le groupe Centre France, c'est aujourd'hui une offre éditoriale très diversifiée à partir du journal papier historique, avec des univers, des périodicités et des supports adaptés, comme les newsletters thématiques envoyées chaque jour à des dizaines de milliers d'abonnés. Pour exemple la « verticale » immobilière complètement renouvelée, qui offre à nos lecteurs une approche de service d'info complète sur le secteur géographique ciblé, bien plus qu'une série d'annonces de ventes ou de locations alignées les unes derrière les autres.

Nous parlons des villes, des communes, de la vie quotidienne autour du marché immobilier. Nous publions également des hors-séries thématiques sur des sujets aussi divers que la gastronomie, la découverte à vélo ou en balade pédestre de nos splendides paysages, d'autres approches de regards singuliers sur des personnages oubliés, comme le mythique peintre SDF de Bourges, Marcel Bascoulard. Un très beau succès de librairie. Nous développons aussi des magazines patrimoniaux, sportifs bien sûr dès que l'actualité nous y encourage. Notre cœur de métier est plus que jamais de révéler toute la lumière de ces géographies françaises : émotion, beauté, fierté, c'est ce qui fait du bien aux Français qui en ont aussi besoin. Présente également dans l'événementiel (santé, habitat, loisirs et pêche, vin…), la presse régionale aujourd'hui est une offre multidimensionnelle d'information et de services. Notre objectif : rester le premier média vers lequel on se tourne dans nos territoires, quel que soit votre besoin. Car la confiance envers nos marques demeure le plus solide de nos actifs.

Le premier média ? Mais vous l'êtes par définition, puisque le quotidien régional du groupe *La Montagne* est souvent le seul dans sa zone de diffusion. Vous avez la partie facile si je puis dire...

Détrompez-vous, car l'essor du numérique a tout changé. La presse régionale est, de fait, en concurrence avec quantité d'autres médias, très locaux ou nationaux, voire les blogs ou les réseaux sociaux. Nous ne sommes plus dans une position piédestal, dominante acquise. Le croire, et agir comme si c'était le cas, serait une grave erreur. Dire que nous sommes en position de force est juste. Mais les exigences qui vont avec sont nombreuses. Nos lecteurs attendent de nous souvent bien plus que la plupart des autres médias. Le journal est, si j'ose dire, un membre de la famille et nous devons en être digne, malgré les lourdes contraintes de production et de distribution auxquelles nous devons faire face. Nos publics attendent que nos équipes éditoriales se déplacent sur le terrain, que nous fassions preuve d'une mobilité et d'une réactivité maximales, que nous soyons en permanence à leur contact. Disposer d'une marque historique est un formidable atout, c'est évident et précieux. Nous sommes sur un terrain de confiance et de belle reconnaissance. Cette puissance, cette force relationnelle sont notre trésor. Notre responsabilité est de le garder intact et d'en étendre le rayonnement.

Vous parlez de votre mission d'information sur les territoires. La jugez-vous toujours aussi essentielle et pertinente ?

Votre question aborde deux sujets. Sur la nécessité de notre mission, je suis plus qu'affirmative. Les territoires ont besoin de nous et leurs habitants, nos lecteurs, nous le disent en permanence. Dans une démocratie bousculée, notre histoire et notre souci constant des faits doivent continuer d'éclairer et de rassurer. Nous sommes les seuls à pouvoir agréger, sur un bassin de vie, un tel volume d'informations sourcées et vérifiées, de narration et de pédagogie. Notre capacité à être présents sur le terrain, quand tous les autres sont absents, ou tardent à venir en cas d'actualité, est essentielle. Nous connaissons les gens dont nous parlons, nous faisons corps avec eux. La presse régionale est le premier confident des territoires. La question de la pertinence est différente. Elle interroge notre capacité à comprendre les besoins des populations qui nous lisent, ou des entreprises qui nous font confiance. Cette pertinence se mesure aussi par l'exactitude des informations

que nous diffusons, par notre capacité à analyser les signaux faibles qui émanent d'un territoire. En clair, la pertinence dépend de notre capacité à continuer de proposer, dans nos régions, un journalisme sérieux et professionnel qui se tient dans le doute, le questionnement et la vérification. Et là, une remise en question permanente de nos choix est indispensable. Il ne suffit pas d'être aux côtés des lecteurs, de les écouter et de retranscrire leurs propos. Il faut savoir mesurer l'importance et la justesse de leurs revendications. La presse régionale est aussi le baromètre du non-dit. Si nous disposons des bonnes antennes dans les territoires, nous pouvons anticiper les crises ou les convulsions. Ou les entendre venir.

Vous mettez la barre éditoriale très haut. Vous parvenez, au groupe Centre France, à cocher ces différentes cases ?

On ne fait pas forcément tout ce qu'on devrait faire (rires). Nous continuons, dans bien des domaines et des situations, de réagir comme une très ancienne industrie. Mais je peux vous assurer que nous avons bien en tête ces défis et qu'ils guident notre action. Nous nous démenons follement pour passer d'un statut de journal très vertical, en version imprimée unique, à une offre éditoriale diversifiée qui répond aux attentes et aux préoccupations de nos lecteurs, partenaires et clients, avec un modèle économique à la clé qui nous assure un avenir réinventé. J'insiste beaucoup sur notre capacité à agréger différents niveaux d'informations. Agrégateur, c'est un métier essentiel. Cela fait de vous le carrefour incontournable. L'enjeu économique est ensuite d'opérer au bon moment, et dans de bonnes conditions, la bascule industrielle. Une grande partie de notre rentabilité provient de nos journaux imprimés. Nous sommes plus que jamais invités à marcher avec un pied dans le présent, et l'autre dans l'avenir. Comment concilier les deux? Comment ne pas trébucher? En s'assurant que le lien entre les territoires et leurs journaux ne s'étiole pas. Il faut que les jeunes sportifs de demain ressentent la même fierté que leurs aînés en voyant leur photo dans l'un des titres du groupe Centre France. Cette fierté, c'est ce qui nous relie, tel un cœur, aux territoires. Préserver cette mémoire identitaire et patrimoniale, symbolique, est absolument crucial.

Parler de mémoire symbolique, c'est presque parler d'âme des territoires. C'est aborder la question de l'identité des régions. Vos journaux sont constitutifs de cette identité?

Oui, incontestablement. Dans notre région, *La Montagne*, ou les autres titres du groupe, prend le pas sur tout le reste. Aucune autre marque de presse n'a ce degré de proximité, créatrice d'appartenance. C'est comme ça. Et je crois que notre mission est de consolider cet acquis. Tant que nos lecteurs se demanderont : serai-je dans le journal de demain ? Va-t-on parler de mon exposition, de mon futur, de mon initiative, de la décision de mon conseil municipal ou de ma Région, alors nous serons aux prises avec l'âme de nos territoires. Il faut aussi rappeler une chose essentielle : la presse est, plus que jamais, une démarche d'offre, pas de demande. Les gens attendent de vous que vous veniez à leur rencontre, ils aiment être surpris, attendris, convaincus, embarqués. Mais ils répondent toujours si vous les sollicitez. Nous sommes, de ce point de vue, des accoucheurs de mémoire. Nous contribuons à la mémoire des territoires. Nous l'alimentons avec technique et gourmandise.

Avec cette question : votre proximité vous rend-elle plus optimiste sur les territoires et leur vitalité ? Le terreau dans lequel vous êtes enraciné est-il toujours aussi fertile ?

J'aime parler de bassins de vie. Un territoire aujourd'hui, ce n'est pas une zone géographique enfermée dans une frontière administrative étanche. Il déborde. Il évolue en fonction des implantations industrielles, des infrastructures, des bassins d'emploi. Suis-je optimiste ? Oui. Pardonnez-moi cette expression un peu triviale, mais les territoires sont « démerdards ». Les solutions qui émergent de ces bassins de vie ne sont pas celles qui ont été décidées par l'administration. Et alors ? Je crois que la presse régionale a le devoir de regarder là où les autres médias, en particulier la presse nationale, ne regardent pas. Nous sommes des décodeurs. Regardez la vitalité des festivals dans nos régions. Clermont-Ferrand et Bourges sont toutes deux candidates pour être capitales européennes de la culture. Les territoires ont la tête levée. Ils regardent devant eux. Ils sont volontaristes. Est-ce que cette vitalité est perçue et surtout prise en compte comme elle le devrait à Paris ? Là, je n'en suis pas sûre.

Pourquoi ? En raison de l'éloignement géographique du centre de la France, seule partie du pays à ne pas disposer de lignes ferroviaires à grande vitesse ?

Vous avez souri quand je vous ai parlé de l'absence de lignes TGV. Mais c'est essentiel. Nous sommes le seul territoire qui n'a pas de métropole de plus de 250 000 habitants, et pas de ligne à grande vitesse alors que nous représentons un cinquième de la superficie hexagonale et 1/20e de la population française. Symboliquement, cela veut dire beaucoup de choses. À commencer par l'existence, dans le centre de la France, d'une frustration ancienne suscitée par les promesses non tenues. Nous sommes dans un espace moins peuplé, où tous les discours sur la réduction du temps de transport suscitent beaucoup de haussements d'épaules, puis de grande colère. Nous sommes aussi les témoins de la détérioration du système de santé. L'un de nos quotidiens, *La République du Centre*, a reçu un prix de journalisme pour avoir chroniqué l'un des plus scandaleux déserts médicaux de France. Nous nous sommes d'ailleurs inspirés de leur couverture et initiative éditoriales pour l'étendre à d'autres titres du groupe. En mettant en valeur des solutions imaginées par les professionnels de santé et élus locaux. La presse régionale est bâtisseuse de l'avenir des territoires. On ne doit pas se contenter d'en être les observateurs.

Bâtir ensemble l'avenir des territoires, c'est une mission qui suppose de travailler main dans la main avec l'État. C'est vraiment le rôle de la presse ?

Je n'ai pas dit que nous devons construire ensemble. Ce que nous devons bâtir ensemble, c'est la force de proposition. La presse régionale n'a pas vocation à remplacer les assemblées municipales, départementales ou régionales. Mais lorsqu'on parle de débat, ou de compromis à trouver, ou d'idées à faire émerger dans le brouhaha social, alors nous avons un rôle déterminant. C'est dans nos colonnes, sur écran ou sur papier, que tout cela peut prendre forme. L'une de nos forces est, ici, la permanence des acteurs. Michelin à Clermont-Ferrand, c'est l'histoire de bientôt 150 ans de puissance industrielle. Les populations de nos territoires ont tendance à y rester. Avec un phénomène nouveau : ceux qui l'avaient quitté reviennent. De plus en plus de jeunes nous confient leur désir de revenir dans leur région d'origine. Ils disent s'y sentir chez eux. Certains diraient que c'est un signal faible. Je pense le contraire. Les territoires prennent une forme de revanche dans la période actuelle d'incertitude généralisée. Ils sont un port d'attache, une ancre. L'âme des territoires, c'est celle que nous avons, chacun, enfouie en nous, qui ne demande qu'à être réinventée.

Centre France, quelques faits et chiffres :

Basé à Clermont-Ferrand, siège du journal *La Montagne*, créé par Alexandre Varenne en 1919, le groupe Centre France est un groupe de presse indépendant. Il regroupe aujourd'hui huit quotidiens, neuf hebdomadaires, une agence de presse et développe également des activités de diversification (publicité, événementiel, conseil et formation, distribution, édition de livres, …). Son actionnaire de référence est la Fondation Varenne pour la presse et la communication qui développe, depuis sa création, des actions en direction de l'éducation aux médias et remet chaque année les prix de la Fondation Varenne qui récompensent la qualité de productions éditoriales de tous les médias en France.

Le groupe Centre France vend chaque jour quelque 200 000 exemplaires de journaux. Il compte plus de 1 500 collaborateurs dont près d'un tiers de journalistes présents dans treize départements du cœur de France.

En 2021, le groupe Centre France a réalisé un chiffre d'affaires de 171,5 millions €.

ENTRETIEN

Édouard Coudurier, Le Télégramme

« Nous sommes un média global à la portée des gens, et c'est une chance »

La cohésion : ce mot revient régulièrement dans la conversation avec Édouard Coudurier. Cohésion des territoires. Cohésion dans l'effort d'information fourni par la presse régionale. Logique : Le Télégramme, ancré sur son territoire de Bretagne occidentale, est géographiquement délimité. Ce qui ne l'a jamais empêché de voguer au long cours. Et d'accorder toujours à l'information nationale une place prépondérante dans ses colonnes. Interview… cohérente.

Comparons d'abord votre territoire de diffusion, la Bretagne, aux autres territoires français que vous connaissez bien. Y a-t-il, d'une région à l'autre, des différences criantes dans le rapport de ces territoires et de leur population à la presse régionale ?

Je ne le crois pas. Il y a des différences territoriales, c'est évident. La Bretagne a ses caractéristiques, tout comme l'Aquitaine ou le Languedoc. Et ces caractéristiques imprègnent nos titres, c'est logique. Reste une réalité : chacun de ces territoires a une forme de cohésion que l'on retrouve ailleurs. Ce que j'entends par cohésion, c'est le lien. C'est ce qui fait le territoire et ce qui explique l'attachement que nous portent les lecteurs. Nous ne vivons pas de l'argent public, contrairement aux accusations qui sont souvent portées contre les médias au sujet des aides d'État. Si vous me demandez de nous définir, je dirai que nous sommes une organisation privée et commerciale assurant une mission de service public. Notre lien, c'est cette cohésion territoriale. Nous sommes ceux qui connaissent le mieux les communes, les hameaux, les intercommunalités. Nous sommes un acteur du tissu territorial. Un quotidien comme *Le Télégramme* est à 80 % diffusé par portage dans 1 200 communes bretonnes, jusqu'à la plus petite. Nous n'avons pas le statut d'acteur public, mais le fait est que nous en sommes un. Les agences postales ferment. La distribution du courrier se réduit. Mais nos journaux arrivent, sept jours sur sept, dans la boîte aux lettres ou sur le pas de la porte de nos abonnés. Mais attention, et j'insiste

toujours beaucoup sur ce point : nous sommes adossés à notre région sans en être prisonniers. Elle ne nous ligote pas. Nous n'enfermons pas les Bretons dans leur territoire, car cela n'aurait pas de sens. Nous racontons pour tous, et sous tous les angles, cette Bretagne qui est la nôtre. Oui, nous sommes enracinés. Ce sont ces racines qui nous permettent de nous adresser à tous, de contribuer à faire rayonner la Bretagne aux côtés d'autres organes de presse, d'autres médias. Nous sommes des « experts » de nos territoires. C'est pourquoi des médias nationaux comme *TF1* font appel à la PQR pour ses correspondances régionales.

Les lecteurs raisonnent comme cela. Ils vous voient comme un acteur indispensable de leur vie quotidienne ? Si oui, c'est une excellente nouvelle…

Je ne nie pas que le rapport a changé. Le caractère systématique de la lecture, qui se propageait dans les familles de génération en génération, est beaucoup moins au rendez-vous. Nous sommes désormais davantage dans un rapport de consommateur à fournisseur d'informations et de services.

Les nouveaux lecteurs sont moins fidèles. Ils ont pris l'habitude de l'information gratuite. Ils sont plus attentifs que leurs aînés au rapport qualité-prix. Je dirai que le changement principal est là : nous devons, en 2022, avoir une utilité encore plus forte. Nous devons prouver encore plus qu'autrefois pourquoi il faut nous lire. C'est là que le multimédia apporte sa force. Aujourd'hui, nous pouvons apporter des réponses sur tous les écrans, sous toutes les formes, à ceux qui désirent diffuser une information. Nous sommes un peu les « couteaux suisses » de l'actualité régionale. Notre force, c'est l'expertise. Nous connaissons ces territoires. Nous y vivons. Nous y avons souvent grandi. Nous ne les voyons pas à travers des rapports, des statistiques, des chiffres, des études. Notre perception n'est pas altérée ou édulcorée. Nous voyons ces territoires comme ils sont. Nous sommes un média ordinaire, à la portée des gens, et c'est notre chance.

***Le Télégramme* de demain, et d'après demain, sera très différent de celui qui nous parvient aujourd'hui chaque matin, par portage ou sur écran, accompagné d'une newsletter…**

Tous les changements, nous les vivons dans nos régions. Nous sommes passés à la quadrichromie dès 1968. Nous avons lancé notre site internet en 1996, avant beaucoup d'autres acteurs, nous sommes évidemment confrontés à l'accélération de l'information. Un élément à mentionner est la faible pénétration de la presse nationale dans les territoires, hors les grandes métropoles. Les journaux nationaux vendent très peu en Bretagne, ce qui nous amène à proposer à nos lecteurs une information complète et globale. Les géants de l'Internet, par contre, ont tout de suite déferlé au niveau microlocal. Au début du siècle, nous avons lancé un moteur de recherche sur bretagne.com, mais c'était avant Google, qui a tout balayé sur son passage. La décennie 2010 a ensuite été celle des réseaux sociaux. Nous avons vécu toutes les révolutions de l'information. Avec une différence par rapport à de nombreux émetteurs d'information, inconnus ou experts autoproclamés : nous sommes toujours restés *Le Télégramme*, à savoir un acteur

identifié, connu, pénalement responsable de ses contenus, tenu par des obligations légales.

Le public, comme vous l'expliquez, a de nouvelles demandes, de nouvelles habitudes d'information. Il faut en tenir compte ?

Nous avons ouvert l'information aux commentaires. Mais le lien crucial, dans les régions, c'est le correspondant de presse local. Il est le citoyen qui raconte. Il est l'un des garants de cette cohésion qui, je crois, est un gage de vitalité et de pérennité. Le Correspondant demeure pour nous le maillon important de la chaîne. Il vérifie, il hiérarchise, son information est « sourcée ». Qui est-ce ? Le secrétaire de mairie, l'ancien instituteur, l'ancien gendarme, l'actif investi dans les associations. C'est un travail d'appoint. Mais ce lien-là, rien ne peut le remplacer. Un mot, par ailleurs, sur les contributions des lecteurs. L'un de nos objectifs est de leur donner plus de place, de susciter des contributions, d'animer le débat. Pour illustrer certains sujets, comme l'accès au logement et les prix de l'immobilier, nous avons interviewé une centaine de jeunes foyers pour savoir comment ils arrivaient à se loger. L'internet ouvre aussi des portes. L'interactivité est incontestablement quelque chose que nous devons apprendre à maîtriser et à valoriser.

Vous parlez des populations de vos territoires comme si elles étaient uniformes, comme si elles se ressemblaient. Or toutes les études le montrent: ce n'est pas le cas…

Il y a tout de même des dominantes que l'on retrouve un peu partout. Dans le cas de la Bretagne, c'est vrai, nous avons la chance d'être une région attractive. On vient s'installer en Bretagne. Tant mieux! Mais si vous regardez les défis auxquels nous faisons face, ils ressemblent beaucoup à ceux expérimentés par les autres régions. Je pense en particulier au cas des zones rurales qui se dévitalisent et qui abritent de plus en plus de communes transformées en cités-dortoirs pour les populations actives des grandes métropoles. La vie locale et l'identité qui va avec ont tendance à se diluer. Les associations ont de plus en plus de mal à trouver des bénévoles. C'est là où nos journaux doivent rester à l'affût. Ces changements sont générateurs de demandes, de causes, de douleurs que nous devons savoir repérer. Il nous est arrivé, au Télégramme, de défendre des causes régionales: le TGV, le maintien et l'équipement des services de santé, l'emploi et la formation. Nous avons alors offert aux élus mobilisés un relais, une plate-forme. Je reviens toujours à cette cohésion. Un quotidien régional se porte bien lorsqu'il est en cohérence avec les demandes de son territoire. Des demandes qui changent et qu'il faut savoir identifier.

La diaspora bretonne, c'est un marché, un réservoir de lecteurs ?

L'internet nous permet d'avoir des lecteurs très loin de nos terres bretonnes. Des abonnés de l'autre bout du monde. Nous y avons consacré des moyens avec par exemple la participation à un grand Fest-Noz mondialisé. Attention toutefois aux impressions trompeuses. C'est un lectorat éclaté. Son attachement à sa région et à nos titres n'est pas

facile à transcrire en offre commerciale. Il y a une réalité incontournable : loin des yeux, loin du cœur.

Le groupe Le Télégramme, en quelques faits et chiffres :

Le groupe Le Télégramme est le cinquième acteur de la presse quotidienne régionale en France, le troisième en diffusion imprimée et le n°1 en pénétration, la Bretagne étant la première région française pour la lecture des journaux. Il comprend trois branches :

- La branche médias, avec *Le Télégramme*, le telegramme.com, deux tv locales, 2 magazines, une régie et une agence de com ;
- La branche emploi, avec Hellowork, leader français de l'emploi et de la formation sur internet ;

– La branche événementielle : le groupe est l'organisateur de la Route du rhum, de la solitaire du Figaro, de la transat Concarneau St-Barth, des marathons de Genève et de Nantes, des triathlons de Genève et du Mont-Blanc, des Francofolies de la Rochelle, du Printemps de Bourges, etc.

Au total : 160 millions € de chiffre d'affaires en 2021, 180 millions en 2022 et plus de 1 000 salariés.

Depuis trois générations, la famille Coudurier fait partie des actionnaires de référence du Groupe Le Télégramme.

ENTRETIEN

Gabriel d'Harcourt, La Voix du Nord

« Si nos journaux ne renouvellent pas leur façon de raconter les territoires, ils disparaîtront »

La Voix du Nord: le titre du principal quotidien français du groupe belge Rossel porte en lui la fonction même de porte-parole d'un territoire. Impossible, pour *La Voix*, de ne pas être à l'écoute de sa région, depuis son imposant quartier général lillois, en plein cœur de la métropole nordiste. Mais peut-on encore être un acteur régional à part entière lorsque votre propriétaire se trouve de l'autre côté de la frontière? Peut-on être européen et à l'écoute des terroirs locaux? Son directeur, Gabriel d'Harcourt, assume pleinement cette originalité et la défend ici.

Difficile, pour *La Voix du Nord*, de ne pas être le porte-parole de sa région. Certains titres de journaux obligent plus que d'autres?

Le nôtre implique une mission, c'est évident. C'est la mission de nos fondateurs, que tous nos collaborateurs et toutes nos équipes doivent garder en tête. Elle nous imprègne. C'est une dimension essentielle de l'entreprise. L'élément le plus important, c'est la notion de voix. Avoir sur son territoire une presse régionale dynamique, c'est la garantie de pouvoir s'exprimer, de pouvoir défendre son point de vue, de faire connaître ses atouts ou ses difficultés. Ce qui se passe aux États-Unis, où des pans de territoire entier n'ont plus de journaux pour les raconter et les défendre, prouve combien cette disparition pèse lourd dans le devenir des sociétés. Plus de 10 % du territoire américain est aujourd'hui dépourvu de presse régionale ou locale. Résultat : le paysage démocratique est déséquilibré. Lorsque cette voix manque, tout peut basculer.

Votre actionnaire, le groupe Rossel, est belge. Il y a pour vous, en plus, le risque de distance. Un groupe de presse dont le cœur économique est situé hors des frontières françaises peut-il avoir la même sensibilité aux territoires de ce pays qui est, pour lui, étranger ?

Votre présentation n'est pas juste. Notre actionnaire est belge, oui. Mais le groupe Rossel est aujourd'hui franco-belge, avec un nombre de publications à peu près équivalent des deux côtés de la frontière. Nous avons aussi une continuité territoriale en France pour nos principales publications, entre le Nord – Pas de Calais, notre point d'ancrage, la Champagne-Ardennes, avec *L'Union* et *L'Est Éclair*, la Picardie avec *Le Courrier Picard* ou *L'Aisne Nouvelle* et la Normandie avec *Paris Normandie*. Nous entendons également battre le cœur d'une autre partie de la France avec nos titres hebdomadaires dans le Jura ou dans les Alpes, où nous publions notamment le *Messager* dans la région de Thonon-les-Bains, frontalière de la Suisse. La dimension franco-belge est de surcroît un atout. Elle est une source d'enrichissement permanente, et les échanges sont nombreux. Le groupe Rossel a aussi, à une époque, été candidat au rachat de *Nice Matin*… L'échelle européenne, en revanche, peut procurer des avantages. Elle nous fait mieux prendre conscience des mutations industrielles en cours à l'échelle du continent. Être la voix d'un territoire ne signifie pas que vous devez être aveugle et ne pas regarder ce qui se passe ailleurs, pour vous en inspirer ou non.

Revenons sur cette question des déserts médiatiques américains. Vous n'êtes pas le premier à nous en parler dans cet ouvrage. Cela vous inquiète. C'est ce qu'il faut à tout prix éviter ?

Ce n'est pas une inquiétude théorique. C'est une réalité qui est à nos portes. Nous ne sommes pas, en France, protégés contre de tels déserts médiatiques qui, encore une fois, engendrent des conséquences désastreuses pour la vie démocratique des territoires concernés. On a vu, aux Antilles ou en Normandie, que nous sommes passés tout près de la fermeture pure et simple de titres de presse historiques. Pourquoi ? Parce que les transformations indispensables de nos journaux exigent un dynamisme, une réactivité, une adaptation que peu de groupes de presse sont capables d'avoir. Il ne faut pas se voiler la face : les territoires que nous couvrons, avec nos journaux, ne ressemblent plus du tout à ceux dans lesquels nos organes de presse sont nés et ont grandi. Le défi est là. Rester la voix d'un territoire impose d'avoir bien conscience de ces mutations. Notre force, avec un quotidien comme *La Voix du Nord*, est d'être un acteur historique incontestable, une marque incontournable. Mais ce piédestal n'est pas acquis. Il peut se fissurer. Nos territoires peuvent nous échapper.

Vous n'exagérez pas un peu. Après tout, la mission de vos journaux reste la même depuis leur lancement : raconter ces territoires, donner la parole à leurs habitants, être à la fois leur porte-voix et leur miroir…

La proximité très forte que nous avons avec nos territoires nous permet de constater les évolutions sociologiques en cours, d'observer les zones qui se repeuplent et celles qui se dépeuplent, les localités dynamiques et celles qui perdent pied… Mais si ces observations restent lettre morte et n'ont pas de conséquences éditoriales, nous risquons de nous retrouver en porte à faux. Observer un territoire ne suffit pas. La presse régionale doit savoir en épouser les contours, vivre à l'unisson de son écosystème. Je vais prendre l'exemple de notre région, forcément la plus belle de France (rires). Elle est aussi l'une des plus jeunes sur le plan démographique, et certainement l'une des plus pauvres et les plus urbaines. On cumule trois caractéristiques qui, a priori, ne sont pas favorables à la lecture de la presse quotidienne. Notre seule chance pour perdurer est donc de nous adapter à la fois par nos contenus, pour continuer d'être utile aux lecteurs, et par nos modes de distribution. Nous avons, à *La Voix du Nord* radicalement modifié en 2014 notre manière d'appréhender l'information locale. Les articles sur les tournois de badminton ou de pétanque, avec les participants en rang d'oignon les uns à côté des autres dans telle ou telle édition locale, ça ne marche plus. Pendant longtemps, disons les choses franchement, nous avons vendu le journal à ceux que l'on photographiait et qui se retrouvaient dans nos pages. Aujourd'hui, c'est fini. Vous plaisez toujours à ceux que vous avez pris en photo, sans assurance qu'ils vous achètent. Et vous ennuyez tous les autres.

À vous écouter, l'information très locale n'est plus le nerf de la guerre. Cela veut dire que la spécificité des territoires se perd ? Et donc que leur « âme », leur personnalité, tend à s'estomper, à se banaliser ?

La grande différence avec les époques précédentes, c'est l'abondance d'informations disponibles. Hier, nous étions les seuls à diffuser de l'information sur nos territoires, et à être lu. Nous disposions d'une sorte de monopole à vrai dire confortable. Aujourd'hui, c'est fini. Vous ne pouvez plus vous contenter de parler de ce qui se passe dans tel ou tel village. Vous devez intéresser le lecteur, le raconter d'une façon qui va retenir son attention et justifier l'achat de vos contenus. L'article type sur la cérémonie d'inauguration de l'hôpital, avec les élus qui viennent couper les rubans et les spectateurs qui applaudissent, c'est fini. Il faut être capable de dire à vos lecteurs ce qu'ils trouveront dans cet établissement hospitalier, d'expliquer en quoi son ouverture va répondre à leurs besoins. Lorsque nous avons commencé à remettre en cause notre traitement de l'information locale, pour devenir plus pédagogues et moins « journal officiel », beaucoup d'édiles sont montés au créneau pour le regretter. Eux voulaient continuer d'avoir leurs photos, avec costume-cravate et rubans à couper. Mais il fallait opérer ce changement. Raconter un territoire en 2022 exige de prendre de la hauteur de se poser cette question simple à laquelle nous n'étions pas habitués à répondre : que signifie pour nos lecteurs ce fait d'actualité ? Quels changements va-t-il induire dans leur vie de tous les jours ?

Vous posez ainsi la question de la valeur d'usage de vos publications. On achète plus *La Voix du Nord* parce qu'elle est incontournable. On l'achète parce que l'on y trouve des informations qui vous aident à vivre, à interagir avec votre environnement immédiat ?

Oui, et la difficulté de nos publications est qu'au sein d'une même région, cette valeur d'usage peut différer beaucoup d'un territoire à l'autre. Un lecteur urbain, submergé de nouvelles dans son environnement immédiat, professionnel ou personnel, n'a pas la même lecture de *La Voix* qu'un lecteur d'une commune très rurale. Notre défi tient à l'évolution même du concept de territoire. Votre approche laisse entendre que les territoires sont homogènes. Mais non ! Ils sont de plus en plus différenciés. D'où l'importance de l'interactivité entre nos rédactions et la population. Le bon journal local est celui qui intègre le ressenti des populations auxquelles il s'adresse. Les lecteurs attendent de nous un journalisme professionnel, c'est-à-dire rigoureux, attaché à la véracité des faits, et aussi une attention particulière. Ils attendent des journalistes de *La Voix* qu'ils les comprennent. Nous devons aussi savoir intégrer les témoignages spontanés des lecteurs, qui peuvent communiquer directement avec nous par e-mail ou sur les réseaux sociaux. Nous devons concilier ces deux impératifs : l'écoute et le tri. Écouter, c'est comprendre ce qui change dans notre région. Faire le tri, c'est savoir nuancer les points de vue. On ne traite pas de la même manière la crise des « gilets jaunes » vu de Lille ou du Nord-Pas de Calais, au contact des manifestants locaux, ou vu de Paris.

Vous évoquez le numérique comme moyen, pour les lecteurs, de se faire entendre, d'interpeller les journalistes, de leur communiquer des informations, peut-être même de jouer les lanceurs d'alerte. C'est cela, pour vous, la principale révolution…

Le numérique ouvre des perspectives très larges en termes de récit journalistique. Les nouvelles technologies nous permettent de rendre compte très vite d'un événement, de l'illustrer par des photos ou des vidéos, de donner la parole presque en direct à tous ceux qui participent à un événement, un festival, une compétition… La narration n'est plus celle de l'après. On ne raconte plus seulement ce qui s'est passé hier, voire avant-hier. On raconte aussi sur le vif, en direct. Mais ce que je vous dis n'est pas toujours facile à transcrire dans les faits. Nos nouveaux lecteurs attendent de nous un service éditorial différent, où la référence – à savoir la qualité et la crédibilité de l'information face à l'épidémie de Fake News – doit s'accompagner d'un effort de séduction, d'une dimension plaisir qui nous faisait sans doute défaut dans le passé. Si nos journaux ne renouvellent pas leur façon de raconter les territoires, nous sommes morts. C'est un formidable défi. Le futur quotidien régional sera celui qui raconte son territoire sous tous les formats, en apportant des informations qu'il n'est pas possible de trouver ailleurs et ce de façon séduisante. Y compris quand nous traitons un événement tel que des élections législatives, par exemple. Personne d'autre ne les couvre avec autant de détails et de rigueur journalistique. Et même si, en l'occurrence, la perspective de chiffre d'affaires est faible sur un tel événement, nous remplissons là notre mission, au service de la population, de la société, et de son équilibre démocratique. Nous l'avons prouvé, à La Voix du Nord avec l'ensemble de notre couverture sur les élections législatives. Nous avons mobilisé plus de trois cents journalistes sur ce scrutin. Nous n'avons pas recherché à équilibrer cet effort par des recettes publicitaires. Nous n'avons pas raisonné en termes de chiffre d'affaires, mais de service offert à notre communauté. Voilà la noblesse de la presse régionale. Etre au service de nos territoires et à l'écoute de leurs habitants pour les valoriser. Et leur donner confiance.

Le groupe La Voix du Nord, en quelques faits et chiffres

Le Groupe La Voix du Nord, crée en avril 1941, appartient au Groupe familial belge Rossel (premier groupe de presse et de média francophone belge), au même titre que *L'Union*, *Le Courrier picard*, *Paris-Normandie*, le Groupe Nord-Littoral, le pôle TV Wéo, le pôle radio Contact, 20 minutes (avec Ouest-France), pour la partie française.

En Belgique : *Le Soir*, Sud Presse. Ainsi que RTL Belgique (avec DPG Média).

- Chiffre d'Affaires 2021 La Voix du Nord : 120 millions € ; 237 millions € Rossel France
- Diffusion OJD 2021 : 196 204 ex/j. (dont 70 % par portage, et 16 % en version numérique) ;
- Audience ACPM 2022 (One Next) : 1 055 000 lecteurs/parution print ;
- Audience digitale : 650 000 visiteurs uniques/jour en juin 2022.

ENTRETIEN

François-Xavier Lefranc, Ouest-France

« Les territoires nous disent la diversité humaine qui fait la France »

Notre conversation commence sur une annonce. François-Xavier Lefranc nous détaille la nouvelle organisation éditoriale de *Ouest-France*, confié à quatre rédacteurs en chef, dont il assurera la coordination. L'on comprend, à l'entendre, la place particulière du grand quotidien breton dans le paysage médiatique national. Premier tirage du pays. Premier quotidien français. *Ouest-France*, quotidien régional ? Et si l'on commençait, déjà, par lui poser cette question simple.

Vous dirigez la rédaction du premier quotidien français. *Ouest-France*, emblème de la presse régionale ? Cette définition vous convient encore ?

Ouest-France dépend d'une association loi 1901 à but non lucratif, l'Association pour le soutien des principes de la Démocratie humaniste. Nous sommes un média indépendant, né sur un grand territoire. C'est notre socle. Les dynamiques collectives les plus solides sont initiées dans les territoires qui sont le reflet de la belle diversité française. S'interroger sur l'âme des territoires, c'est poser la question de l'âme de la France, dont la population est éparpillée dans le monde entier, à travers notamment les territoires d'outre-mer. De ces territoires, loin de Paris, les médias observent les réalités du monde sous un angle irremplaçable. Mais attention, le territoire n'est pas une zone de repli, d'enfermement, de rabougrissement. On ne peut pas comprendre aujourd'hui la réalité de nos régions si l'on ne comprend pas les grandes questions liées à l'actualité du monde. Pour mieux comprendre la réalité française à travers ses territoires, il faut aussi s'intéresser au monde. Nous nous appuyons à l'étranger sur un réseau d'une cinquantaine de journalistes professionnels qui sont nos correspondants. C'est un beau défi éditorial.

Pourquoi, alors, cette distinction si française entre presse nationale et presse régionale. Quiconque vit en France et connaît le pays traduit naturellement : des journaux de première division, et des journaux de deuxième ligue…

Paris n'est pas la France. Et notre système médiatique est nourri de jacobinisme. On appelle médias « nationaux » les médias « parisiens » parce que depuis toujours le système politique et médiatique centralisé, définitivement jacobin, se méfie des territoires, ne leur fait pas confiance, voire les ignore. Cette distinction est d'un autre âge, celui d'avant la révolution numérique. Parce qu'ils diffusaient des exemplaires dans plusieurs régions, des journaux parisiens étaient qualifiés de « nationaux ». Mais leur rédaction restait solidement centralisée à Paris. Ce ne sont pas les journaux parisiens qui ont raconté la réalité de chaque commune française, jour après jour. Que saurait-on de la vraie France s'il n'y avait pas les médias en régions, leurs milliers de journalistes professionnels et de correspondants locaux de presse ?

La centralisation est souvent la victime de l'éloignement. On décide pour des populations qu'on ne connaît plus, qu'on ne croise plus dans la rue. L'écosystème de Ouest-France est à l'opposé. Les technologies numériques nous permettent d'être encore plus proches des gens. Je crois à la proximité physique. Elle est un atout. Ouest-France, c'est 620 journalistes professionnels, dont 610 qui travaillent à partir de l'Ouest de la France, sur la zone historique où s'est développé le journal. Beaucoup sont des spécialistes, de l'aménagement du territoire, de l'alimentation, de la santé, des questions de défense, du maritime. Mais la proximité dont je parle n'est pas que géographique. Elle est aussi présente à travers les thèmes que l'on aborde. On peut être installé dans un territoire, mais être très loin de ses préoccupations. Je préfère parler de proximité humaine. Cela suppose d'avoir un temps d'écoute, de disposer des bons capteurs pour comprendre les réalités et les enjeux locaux. C'est la proximité du cœur qui bat. J'ajoute un autre facteur, qui fait une énorme différence : notre prix de vente. Nous venons d'augmenter le prix du quotidien si vous l'achetez au numéro. 1,20 € au lieu de 1,10 €. Lorsqu'un quotidien dépasse les 3 €, comme des titres parisiens, il y a un paquet de gens dont il n'est pas proche.

Et si, demain, la presse régionale était entièrement digitale ?

Le numérique participe fortement à la collecte et à la diffusion de l'information. Il apporte aux journalistes des outils d'innovation. Bien évidemment, le papier reste un support important, ce serait une erreur de l'ignorer. Et nous devons d'ailleurs être capables de développer des projets innovants autour du support imprimé. Mais nous avons aussi une obligation accrue d'écoute et de réactivité. Sur Internet, les gens se sont habitués à s'exprimer en direct et souhaitent des réponses rapides à leurs questions. La traditionnelle réponse écrite au courrier des lecteurs, plusieurs jours après réception, ne suffit plus. Nous venons de créer, à Ouest-France, une cellule de 4 journalistes professionnels chargée d'être en conversation permanente avec nos lecteurs et nos lectrices. Ils recueillent les points de vue, les remarques, les idées. Ils vont au-devant des lecteurs et leur apportent des réponses. Notre crédibilité, aujourd'hui, se joue également sur l'écoute réactive des lecteurs.

Vous utilisez souvent le terme « proximité ». Mais est-ce vraiment ce que réclament les jeunes lecteurs. L'information locale a-t-elle un avenir à l'heure d'Internet, des réseaux sociaux, de TikTok et d'Instagram ?

Je ne crois pas trop à la fracture générationnelle. La réalité est que, grâce au numérique, beaucoup de gens, jeunes ou moins jeunes, ont accès à beaucoup plus d'informations. Soit. C'est une évidence. Mais les jeunes se désintéresseraient-ils à ce point de leurs territoires et de la vie quotidienne dans la région où ils vivent, ou dont ils sont originaires ? J'en doute. Notre expérience, à Ouest-France, prouve que la notion de territoire traverse les générations. Les racines, l'attachement, cela existe et nous conditionne, quel que soit l'environnement technologique qui nous entoure. Le défi que nous posent les réseaux sociaux est davantage éditorial. Les grands acteurs du numérique, même s'ils s'en défendent et mettent en place des initiatives pour l'éviter, sont des propagateurs XXL de Fake News, y compris au niveau local. Les territoires ne sont pas un refuge protégé de ces dérives.

Concernant la proximité avec les jeunes, la seule question importante est la suivante : parlons-nous assez des sujets qui les touchent ? Les jeunes se passionnent pour l'information mais les médias se passionnent-ils pour les jeunes générations ? Sont-ils à leur écoute ? Sont-ils capables d'investir les supports numériques utilisés par les jeunes ?

Reste une question : celle de la pérennité du quotidien régional sous sa forme traditionnelle. Je parle ici de l'édition papier. La version papier de *Ouest-France* est-elle condamnée à disparaître à moyen terme ?

Nous investissons énormément dans l'innovation numérique. Et le monde numérique est un champ fabuleux d'opportunités. D'ailleurs, aujourd'hui, nous réalisons 70 % de notre audience numérique hors de l'Ouest, notre zone historique, et 7 % à l'étranger. Mais nous pensons aussi que le papier est un support irremplaçable, à condition qu'il évolue lui aussi, que son contenu s'adapte aux différents temps de l'information. Il apporte quelque chose que le support digital n'apporte pas. Le support écrit occupe une place majeure dans notre culture. C'est ainsi. Regardez l'exemple du livre qui continue sa vie, malgré les liseuses. Tourner les pages d'un livre, d'un journal, d'un magazine, est un geste du quotidien. Le journal papier est un objet social de discussion et d'échange. On a trop tendance à regarder décliner le papier en pensant que sa disparition est inexorable. Un journal imprimé comme le nôtre diffusé chaque jour à plus de 620 000 exemplaires a encore des lecteurs fidèles, attentifs et exigeants ! Et il trouve de nouveaux lecteurs en version numérique. Ouest-France est déjà un média multisupport. Un article a plusieurs vies en circulant d'un support à l'autre, imprimé ou digital. Nous n'avons jamais été autant lus qu'aujourd'hui.

Sauf que le papier est de plus en plus cher. La fracture, si elle n'est pas générationnelle, devient sociale…

Pas si nous sommes en mesure de maintenir des prix de vente abordables pour l'édition papier. Là, il y a un enjeu majeur, je le reconnais volontiers. Le maillage territorial qui est celui de la presse régionale, sous son format papier traditionnel, est absolument crucial. Le pire serait d'en arriver à ressembler aux États unis, où des zones entières n'ont plus de journaux. Or qu'arrive-t-il dans ces territoires où les lecteurs n'ont plus le loisir de tourner les pages d'un quotidien ? Ils se contentent des réseaux sociaux et on voit ce que ça donne. La nature, on le sait, a horreur du vide.

Revenons aux territoires, donc à l'Ouest de la France. Avez-vous le sentiment de refléter l'âme de ces régions, voire d'en être un peu le dépositaire ?

Notre force, dans le cas de *Ouest-France*, c'est l'histoire. Nous n'avons pas cessé d'accompagner ces territoires depuis la fin de la Seconde Guerre mondiale. Des générations de Français ont appris à lire dans *Ouest-France*. Ça, c'est plus qu'un acquis. Nous faisons partie du socle de ces régions et c'est exceptionnel. Sommes-nous le dépositaire des envies, des rêves et des angoisses des gens qui y vivent ? Je dirai simplement que nous sommes le média qui est à l'écoute en permanence de cette dimension humaine. Les gens ne parlent pas qu'aux correspondants de *Ouest-France*. Nous n'avons pas le monopole du cœur qui bat. Notre atout, c'est de regarder et de rendre compte de cette région tous les jours, depuis des décennies. Ce lien-là est irremplaçable. *Ouest-France* a écrit l'histoire de ces territoires, de chaque commune, jour après jour, depuis sa naissance. Nous sommes spécialistes de nos territoires. Nous les connaissons intimement. C'est une force. C'est un socle.

Un journal tel que *Ouest-France* est là pour raconter, juger, commenter ?

Notre média est là pour informer, éclairer, rapprocher, être au cœur des débats qui traversent notre démocratie. Nous ne sommes pas là pour juger mais pour dire les choses, témoigner, dénoncer, montrer. Nous sommes là pour animer un débat en étant au contact direct avec les citoyennes et les citoyens. Pourquoi avons-nous fait, à *Ouest-France*, le choix de ne pas publier de sondages politiques sur les intentions de vote ? Parce que l'utilisation abusive des sondages par les médias travestit la réalité. Nous avons fait ce choix plus de six mois avant le premier tour de l'élection présidentielle parce que nous avions sous les yeux la fracture immense qui existe entre les sujets importants pour les Français et les sujets qui tournent en boucle sur les chaînes d'info en continu quand elles s'abreuvent de sondages. À l'époque, ces médias ne parlaient que de

M. Zemmour, donné champion par les sondages (on a vu ce que cela a donné…). Ce candidat a alors, et sous ce prétexte, bénéficié d'un temps de parole démesuré. Lorsque nous allions en reportage, les citoyennes et les citoyens ne nous parlaient pas de M. Zemmour mais du pouvoir d'achat, des déserts médicaux, du grand âge, du coût des études des enfants, du sentiment d'abandon dans certains territoires, de la difficulté d'accès aux services publics quand on n'a pas Internet, etc.

C'est plus facile pour un média de passer son temps à commenter des sondages que de financer des reportages. Nous avons choisi le reportage, l'enquête, le journalisme au plus près des territoires et des gens qui y vivent.

Le groupe Ouest-France, en quelques faits et chiffres :

Le groupe Ouest-France est détenu par l'Association pour le soutien des principes de la Démocratie humaniste, association loi 1901 à but non lucratif, fondée en 1990 à l'initiative de François-Régis Hutin. *Ouest-France* est le premier quotidien francophone au monde en termes de tirage.

Il publie, outre son titre phare, *Le Courrier de l'Ouest*, *Presse Océan*, *La Presse de la Manche* et *Le Maine Libre*. Il possède aussi Publihebdo, premier groupe de presse hebdomadaire régionale et, à parité avec le groupe Rossel, le quotidien gratuit 20 Minutes. Son pôle magazine publie *Le Marin*, *Voiles et Voiliers* et *Chasse-Marée*.

Ouest-France, c'est 537 millions €de chiffre d'affaires en 2021, 633 000 journaux quotidiens payants, 424 000 journaux hebdomadaires payants, 800 000 abonnés numériques et 3 500 salariés, dont 1 300 journalistes, appuyés par 4 000 correspondants locaux de presse, 5 000 porteurs et 10 000 diffuseurs. Coté digital : 325 millions de visites mensuelles sur les plateformes du groupe.

ENTRETIEN

Christophe Victor, Le Dauphiné

« Nous avons une chance historique de nous replacer au cœur des préoccupations et valeurs actuelles des Français »

Une carrière dans la presse nationale, notamment au sein du groupe Les Échos. Puis le grand plongeon provincial. Direction Grenoble, pour y prendre la direction du *Dauphiné Libéré*, l'un des titres phares du groupe EBRA possédé par le Crédit Mutuel. Christophe Victor est, si l'on peut dire, passé d'un territoire à l'autre. Il dresse pour nous le portrait d'une presse régionale dont les contours vont immanquablement changer.

Vous le savez mieux que quiconque : la presse nationale française est en crise. Votre arrivée à Grenoble vous a permis de sortir de cette morosité et de cette inquiétude. La presse régionale apporte chaque jour la preuve que les journaux restent au cœur de nos sociétés ?

Je le crois vraiment. La presse quotidienne régionale couvre aujourd'hui, mieux que n'importe quel autre média, les préoccupations essentielles quotidiennes des Français. Elle est redevenue indispensable. Il me semble que les crises fortes que nous avons connues, comme celles des Gilets Jaunes ou du Covid, ont démontré une rupture entre le national et le local et une volonté de retour d'une très large frange de la population à la proximité. L'hypercentralisation jacobine ne fonctionne plus. Les solutions sont à trouver au niveau local et notre presse doit faire à cette occasion la preuve de son importance et de sa pertinence. De telles convulsions sociales et politiques jouent toujours un rôle d'accélérateur. Je sais que la presse régionale a, par moments, douté d'elle-même. Normal. Les transformations technologiques, les nouvelles habitudes de lecture, mais aussi les nouveaux modes de vie avec la prolifération des villes-dortoirs, accolées aux métropoles, ont secoué notre modèle. Normal. Et tant mieux ! Mais au final, que voyons-nous ? Nous revenons aux circuits courts dans tous les domaines, y compris l'information. Notre forme de presse a une chance historique de se replacer au cœur des préoccupations et valeurs actuelles des Français. Les lecteurs ont confiance dans les journaux qu'ils connaissent. Je fais le parallèle avec la réindustrialisation. L'heure est au rapatriement – nous verrons si cela est possible dans tous les cas ou non – de nos capacités industrielles. Normal, dès lors, que la presse régionale, acteur prioritaire de l'information locale, soit réinstallée dans son rôle de pilote et d'observateur en chef de nos territoires. J'insiste sur le côté indispensable. Certains ont peut-être cru qu'ils pourraient se passer de nos quotidiens. La preuve est faite que ce n'est pas le cas. Nos journaux portent le drapeau des territoires et des gens qui y vivent. C'est, pour moi, une excellente nouvelle.

Votre parcours professionnel, au sein de la presse quotidienne nationale, vous donne des éléments de comparaison…

Oui, et c'est pour cela que j'insiste sur le fait que la presse régionale est redevenue indispensable. Je vois la différence.

L'hypercentralisation parisienne est en train de connaître un coup d'arrêt. Les métropoles ont été de formidables catalyseurs de créativité. Mais nous sommes à l'heure du bilan. Les contraintes énergétiques ou climatiques, la question du pouvoir d'achat. Tout cela conduit de plus en plus de gens à se poser une question simple : et si nous quittions les grandes villes et notamment la capitale ? Et si notre avenir était ailleurs ? À partir du moment où la question est posée, vers qui vous tournez-vous ? Je vais faire très simple. Vous êtes un couple bien installé en banlieue parisienne. Puis le ras-le-bol s'installe. Vous voulez refaire votre vie ailleurs, si possible dans la région d'un des deux conjoints, là où vous avez des attaches. Vers qui vous tournez-vous pour connaître le prix du foncier, pour évaluer la vitalité culturelle de ce territoire, pour vous faire une idée juste de ce que sera votre nouvelle vie ? Vers la presse régionale. Vous avez moins de 35 ans. Vous êtes un jeune retraité. Cela ne change rien à l'affaire. Vous avez besoin d'informations. Vous voulez en savoir plus sur ces territoires. Donc vous vous connectez sur le site du Dauphiné, pour ceux que la région Rhône Alpes intéresse. À partir de ce moment-là, la preuve est faite de notre utilité en tant que média. Nous sommes la fenêtre ouverte sur nos territoires.

Une fenêtre sur les territoires, c'est ainsi que vous définissez votre rôle ?

Pas seulement, car ce serait réducteur. Je dis juste que notre utilité est aujourd'hui incontestable. La presse régionale fait partie intégrante des territoires. Elle les valorise. Elle contribue à forger leur image au-delà de leurs frontières administratives, celle des régions et des départements. Est-ce là notre seul rôle et notre seule mission ? Non. Trois fois non. Nous sommes aussi un acteur complet à l'intérieur de ces territoires. Nous animons le débat local. Nous sommes la place publique, en version papier ou sur internet. Vous ne m'en voudrez pas de prendre un exemple grenoblois. Ici, la polémique a battu son plein, au premier semestre 2022, sur le burkini dans les piscines. Et bien qui a animé le débat ? Qui a pris le risque d'ouvrir ses colonnes à toutes les parties en présence ? *Le Dauphiné Libéré*. Avec, à chaque fois, la volonté de trouver un point de compromis et de synthèse. Nous ne sommes pas seulement une fenêtre. Nous avons les deux pieds dans la maison. Nous faisons partie des meubles. Nous sommes les territoires parce qu'ils s'expriment dans nos colonnes. Nous vivons avec eux. Et vice versa.

Vivre à l'unisson des territoires, cela pose tout de même une question : celle de l'indépendance de la presse régionale et ses capacités à porter, ou non, un regard critique ?

À ce titre, le fait de faire partie d'un groupe solide comme EBRA avec un actionnaire respectueux de l'indépendance de la presse comme le Crédit Mutuel est un avantage. Mais cette question du positionnement de la PQR est aussi un défi. Sommes-nous seulement des observateurs ou aussi des acteurs. Je pense que nous sommes les deux. Je ne dis pas que c'est facile. Mais c'est ainsi. C'est notre « En même temps ». Nous devons en même temps raconter nos territoires et intervenir dans la vie publique, poser des questions, soutenir des initiatives, prendre des positions. Nous ne sommes pas des observateurs neutres. Cela n'aurait aucun sens. Je vais prendre l'exemple du festival Musilac d'Aix les Bains. 80 000 personnes chaque année en juillet. Un grand succès populaire! Et voilà que malgré sa programmation exceptionnelle, il n'a pas rempli pour sa dernière édition. Doit-il disparaître? Non. Nous avons lancé une pétition en ligne pour le défendre. Nous avons fait de nombreux articles. Pour moi, un tel festival ne peut pas s'arrêter. Voilà une preuve de notre mission: avec d'autres acteurs locaux, nous devons contribuer à tout faire pour qu'il existe encore l'an prochain. Vous voulez un autre exemple? Grenoble et le burkini. La ville est pointée du doigt en raison de cette polémique. Soit. Les faits sont les faits. Nous ne pouvons pas ne pas en parler, surtout quand les chaînes d'information nationales en continu en font leur une pendant 48 à 72 heures. Mais on ne peut pas ramener Grenoble au burkini et à l'insécurité. C'est aussi une fantastique région d'innovation avec de grandes entreprises comme le CEA, Schneider Electric, STM Microelectronics, Soitec, et de nombreuses start-up, notamment industrielles. Nous venons juste derrière Paris en termes de dépôt de brevets. C'est la deuxième ville française en nombre d'ingénieurs. Voilà notre rôle: parler du burkini, donner la parole à tous, mais redire aussi l'importance de notre tissu économique et scientifique. Nous avons à Grenoble l'un des trois synchrotrons qui existent dans le monde. Qui le sait? La presse quotidienne régionale est une balise. Tant qu'elle est là, le territoire dispose d'un avocat. Nous plaidons sa cause. Si nous ne sommes plus là…

ENTRETIEN AVEC CHRISTOPHE VICTOR, LE DAUPHINÉ

Et pourtant, la question se pose. Vous le savez bien : aux États-Unis, certaines régions n'ont plus de journaux. Ils sont sans voix…

C'est ce qu'il nous faut éviter à tout prix. Un territoire sans voix est un territoire sans armes, sans capacité de faire entendre sa spécificité, ses revendications, ses demandes. Surtout en France, pays jacobin et centralisé par excellence où le pouvoir exécutif, à Paris, ne bouge que s'il est interpellé ! Mais nous devons aussi accepter de nous remettre en cause, de ne pas traiter l'information aujourd'hui comme nous la traitions il y a dix ou vingt ans. Les lecteurs attendent plus de proximité, des dossiers, de l'enquête, de nouveaux formats, de la surprise, de l'engagement… En bref de la valeur ajoutée ! Ils doivent trouver chez nous de l'information fiable, concernant, qu'ils ne trouvent pas ailleurs, notamment en gratuit sur internet ou les réseaux sociaux.

Vous n'avez pas encore évoqué le défi numérique. Demain, dans votre région montagneuse, certaines localités n'auront peut-être plus accès au journal papier car la distribution coûte trop cher ?

Le numérique est le principal défi de notre forme de presse pour les années à venir. Pour l'heure, si vous regardez nos abonnements au *Dauphiné Libéré*, moins de 10 % de nos lecteurs optent pour une formule purement numérique. C'est de l'ordre de 15 % en moyenne pour l'ensemble de la PQR, alors que c'est plus de 60 % en presse nationale. La vérité, c'est que nous sommes en retard et qu'il faut rattraper ce retard en mettant les bouchées doubles. L'enjeu, surtout sur des territoires à l'accès difficile comme nos montagnes par exemple, est de pouvoir toucher tous nos lecteurs rapidement, sans être tributaire d'un porteur malade ou de la Poste qui déserte ces lieux. Pour autant, le journal papier perdura encore longtemps, car le lecteur a ses habitudes. Je suis plus attaché au débat sur la qualité de l'information qu'au débat sur le support de lecture. Peu m'importe celui-ci finalement, pourvu qu'on nous lise, et qu'on nous lise de plus en plus !

Cela veut dire qu'il faut développer d'autres supports ? Numérique ? Vidéo ? Podcast ?

Je pense en effet que la presse régionale doit refléter les territoires sur tous les supports. Bien sûr. Le paradoxe est que nous avons pris ce virage. Nos médias ne sont pas en retard. Nos rédactions travaillent en digital first, et ceci déjà depuis plusieurs années. Nous consacrons beaucoup de moyens aux nouveaux formats (vidéos, podcasts…). Nous avons, pour certains, et notamment au *Dauphiné Libéré*, réussi à transformer ces moyens en audience (plus d'un million de visites par jour), pas encore en abonnements numériques, ou en tout cas, insuffisamment. Il nous faut trouver des formats qui engagent et ensuite des tunnels de conversion efficaces. L'équilibre entre le gratuit et le payant est un équilibre à remettre sans cesse en question. Mais il ne faut pas pour autant oublier le journal papier. Nous y consacrerons, au *Dauphiné Libéré*, beaucoup d'énergie à la rentrée, avec une nouvelle formule et une nouvelle maquette prévue pour mi-2023. Je pense que la presse régionale doit refléter les territoires sur tous les supports. Nos territoires ne sont pas entièrement numériques. On doit vivre, travailler, informer, se transformer à leur rythme. Si nous apportons la preuve de notre utilité, nous resterons solides. L'âme des territoires, ce n'est pas théorique. C'est la vie quotidienne qui la forge. Nous devons être enracinés dans cette réalité-là.

Le groupe EBRA, en quelques faits et chiffres :

Le Groupe EBRA est le premier groupe de presse quotidienne français, avec près d'un million d'exemplaires diffusés et 15 millions de Visiteurs Uniques. Ses neuf titres (*Les Dernières Nouvelles d'Alsace*, *L'Alsace*, *L'Est Républicain*, *Le Républicain Lorrain*, *Vosges Matin*, *Le Journal de Saône et Loire*, *Le Bien Public*, *Le Progrès*, *Le Dauphiné Libéré*) proposent, avec près de 1 400 journalistes, une couverture approfondie de l'information locale et régionale, et au-delà, nationale et internationale.

Appartenant au Crédit Mutuel, il a réalisé en 2021, 491 millions € de chiffre d'affaires. En 2022, il s'est diversifié par l'acquisition du groupe numérique Humanoid, 10 millions € de chiffre d'affaires.

366, un acteur majeur ancré dans les territoires

Créé par l'ensemble des éditeurs de la Presse quotidienne régionale (PQR) en juin 2014 afin d'unifier leurs offres et permettre l'accès des campagnes publicitaires nationales via une entrée unique, 366 est la régie publicitaire des médias ancrés dans les territoires. Elle déploie, pour le compte de l'ensemble du marché publicitaire, une offre puissante, permettant de toucher chaque jour 20 millions de personnes et chaque mois 43 millions de lecteurs. L'agrégation de ces audiences – papier, numérique, vidéo et audios – permet de toucher plus de 80% de la population française chaque mois.

Depuis 2014, 366 a acquis en outre une expertise unique des médias locaux et consolide chaque année une offre de supports qui font d'elle un « hub » des solutions médias nationales et multi-locales au service des annonceurs. La régie de la PQR permet ainsi la représentation de l'ensemble d'un média, au travers de toutes ses expressions, papier et numérique, au-delà de chacune des marques qui le compose, avec pour atouts la rapidité, l'efficacité et la simplification.

Historiquement construite exclusivement pour la PQR, 366 a pour vocation d'élargir son champ d'action à des marques médias et des produits traitant des problématiques de proximité. En 2021, 366 a ainsi intégré la commercialisation des TV locales indépendantes.

Entre 2014 et 2022, la quasi-totalité des valeurs d'avenir soutenues par nos publics – cruciales pour les annonceurs et la communication – ont un ancrage de proximité. Éthique, transparence, quête de sens, lien social… sont ainsi défendus par la PQR et 366 auprès du marché publicitaire national.

Le chiffre d'affaires de la régie progresse tous les ans depuis 2016 pour se situer au-dessus des 100 millions d'euros. Ce qui fait de 366 un acteur majeur pour l'avenir de la PQR et pour celui des médias français en général.

BIBLIOGRAPHIE

À lire pour mieux comprendre l'âme de la presse et des territoires :

La situation de la presse quotidienne régionale,
Michel Laugier (Rapport sénatorial, 2022)

La presse quotidienne régionale,
Pauline Amiel et Franck Bousquet (La Découverte, 2021)

La presse quotidienne française,
Emmanuel Derieux et Jean-Clément Texier (Armand Colin, 1974)

L'Europe de la presse quotidienne régionale,
Enquête dirigée par Jean-François Lemoine (PQR Syndicat, 1992)

Un journal, une vie,
Jean-Pierre Coudurier (Éditions du Télégramme, 2002)

François-Regis Hutin. Le dernier empereur d'Ouest France,
Guy Delorme (Apogée, 2009)

Quatre milliards de journaux,
François Archambault et Jean-François Lemoine
(Alain Moreau, 1977)

Dossier H comme Hersant,
Dominique Pons (Alain Moreau, 1977)

La dépêche du midi, histoire d'un journal en République,
Félix Torres (Hachette littérature, 2002)

Histoire du Journal Sud Ouest,
Jean Ladoire (Sud Ouest éditions, 1991)

La presse quotidienne régionale,
Michel Mathien (PUF, 1993)

La presse régionale et locale,
Louis Guery (Victoire éditions, 1992)

La presse économique régionale, le premier media de France,
Louis-Guy Gayan (Ecomedia, 1990)

Accès réservé, le pouvoir au sein des quotidiens régionaux : une histoire de mâles,
Marie Christine Lipani (L'Harmattan, 2017)

Économie de la presse quotidienne régionale. Déterminants et conséquences de la concentration,
Patrick Le Floch (L'Harmattan, 1997)

TABLE DES MATIÈRES

Dans la même collection

Afrique du Sud
Albanie
Allemagne
Alsace
Angleterre
Argentine
Arménie
Australie
Bhoutan
Birmanie
Bordeaux
Brésil
Bretagne
Brussels
Bruxelles
Camargue
Cambodge
Canada
Catalogne
Chypre
Colombie
Congo
Corée du Sud
Corse
Croatie
Crète
Cuba
Écosse
Espagne
États-Unis
Europe
Francophonie
Grèce
Grenoble
Hongrie
Indonésie
Iran
Israël
Italie
Japon
Kenya
Kurdistan
Laos
Léman
Liban
Lituanie
Marquises
Mexique
Milan
Mongolie
Montana
Nice
Pays-Bas
Pologne
Polynésie
Provence
Roumanie
Russie
Rwanda
Sénégal
Serbie
Séville
Sicile
Suisse
Tunisie
Turquie
Ukraine
Valais
Vienne
Vietnam

L'ÂME DES PEUPLES
Une collection dirigée par Richard Werly

Richard Werly est éditorialiste chargé de la France et de l'Europe du quotidien suisse *Blick* et du groupe de presse helvétique *Ringier*, après avoir été correspondant du *Temps* à Bruxelles et Paris. Il est l'auteur de *La France contre elle-même* paru en 2022 aux Éditions Grasset.

Ce hors-série a été conçu pour 366 à la demande de son directeur général Stéphane Delaporte. Il a été supervisé par Jean-Clément Texier, président de COFICOM et de l'École de Journalisme et de Communication d'Aix-Marseille (EJCAM). Spécialiste des médias et banquier d'affaires, celui-ci a conseillé, au fil des ans, plusieurs titres majeurs de la PQR (*Sud Ouest, La Dépêche du Midi, Ouest France, Midi Libre, Le Courrier Picard, La Charente Libre, Nice Matin, La Provence, Républicain Lorrain*).

Retrouvez et suivez *L'âme des peuples* sur
www.editionsnevicata.be

(@amedespeuples)
(@amedespeuples)
(amedespeuples)

Conception graphique : Aline Baudet
Mise en page : Véronique Lux

Achevé d'imprimer en octobre 2022
sur les presses de l'imprimerie Jan Verhoeven
à Sint-Pieters-Leeuw, Belgique